映画

はたらく細胞

オフィシャルブック

KODANSHA

白血球
WBC

もくじ

人間の体内では、
約37兆個の細胞が生きて
それぞれの役割を果たしている。
たとえば赤血球はさまざまな細胞に
酸素を届ける役割。
たくさんの赤血球たちが
常に体中を巡って、
酸素を行き渡らせている。

AE
3803

白血球

白血球は、体に侵入してくる
悪いものたちと戦い、
ぶっ殺す役割！
たとえ敵がどんなに強くても、
どれだけ数が多くても、
体を守るため、
諦めることなく戦い続ける。

生きている人間の体では
日々、怪我や病気などさまざまな
トラブルが勃発！

その陰では、恐ろしい細菌や細胞が
隙あらば、自分たちの生息する場所を
増やそうとチャンスを窺っている。

血球
1146
AE
3803

白血球
AE
3803

DRINK BA
白血球
菌汁

そんな敵を迎え撃つのも、はたらく細胞たち。
キラーT細胞、NK細胞、
マクロファージ、ヘルパーT細胞などが

それぞれの強みを最大限に活かし、
時には連携して、敵を体内から排除しようと
激闘を繰り広げているのだ。

白血球
1146

ほかにもさまざまなかたちで
体を支えている細胞たちがいる。
みんなで力を合わせて傷口を塞ぐ血小板、
疲労困憊の赤血球たちを癒やし、
力づける場を提供している肝細胞など。
各々に与えられたところで、全力を尽くす。

キャラクターに息を吹き込む

ACTORS 出演者たち

赤血球 AE3803
永野芽郁

ながの・めい●1999年9月24日　東京都出身

近年の出演作品

映画『地獄の花園』(2021)、『そして、バトンは渡された』(2021)、ドラマ『ユニコーンに乗って』(2022 ／ TBS)、映画『マイ・ブロークン・マリコ』(2022)、ドラマ『御手洗家、炎上する』(2023 ／ Netflix)、『君が心をくれたから』(2024 ／フジテレビ)、映画『からかい上手の高木さん』(2024) など。
2026 年には大河ドラマ『豊臣兄弟 !』(NHK) に出演予定。

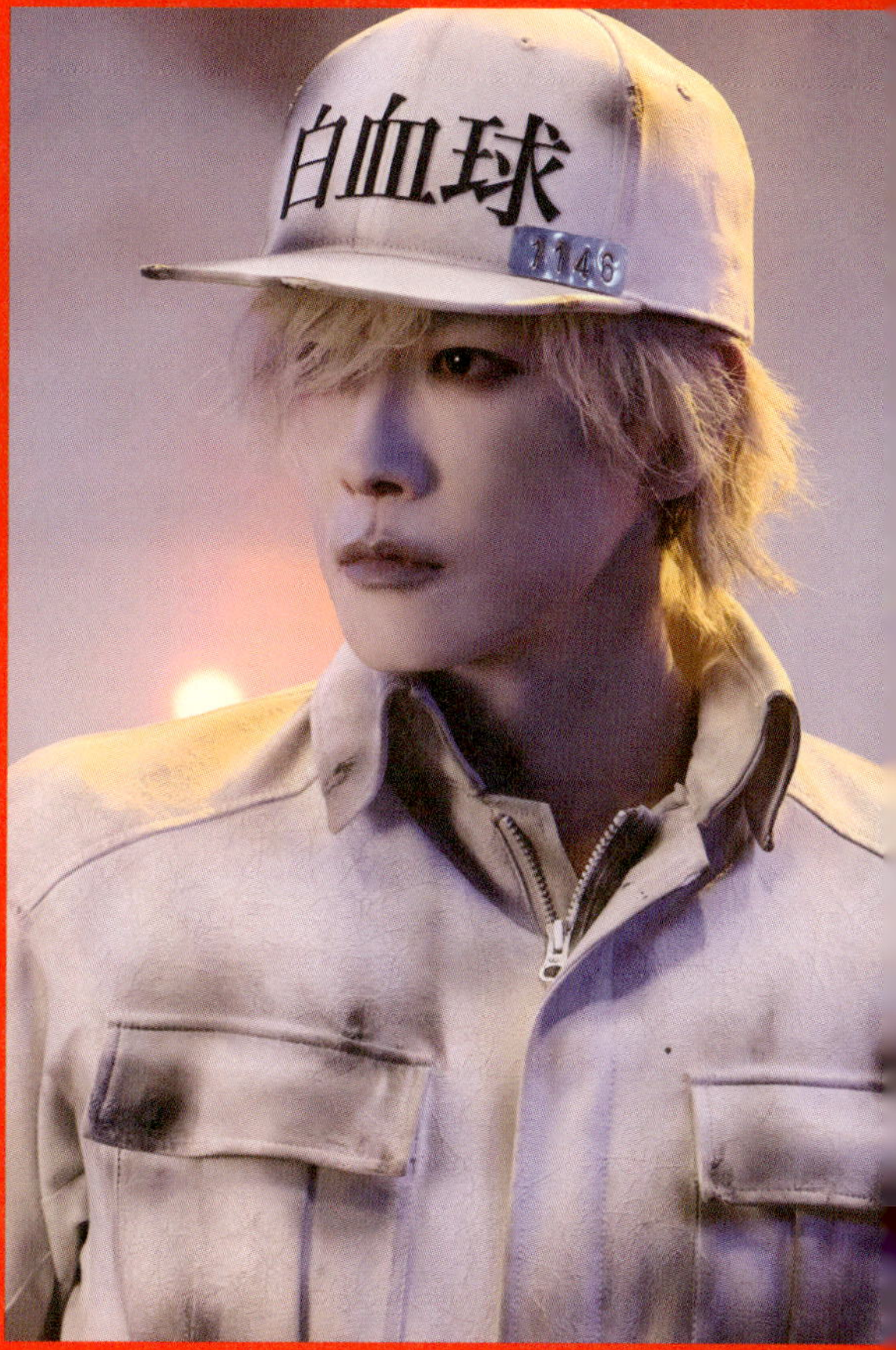

白血球(好中球)
佐藤健

さとう・たける●1989年3月21日　埼玉県出身

近年の出演作品

「るろうに剣心」シリーズ、ドラマ『半分、青い。』(2018／NHK)、『義母と娘のブルース』(2018／TBS)、映画『ひとよ』(2019)、ドラマ『恋はつづくよどこまでも』(2020／TBS)、映画『竜とそばかすの姫』(2021)、『護られなかった者たちへ』(2021)、ドラマ『First Love 初恋』(2022／Netflix)、ドラマ『100万回言えばよかった』(2023／TBS)、映画『四月になれば彼女は』(2024)、ドラマ『グラスハート』(2025／Netflix) など。

漆崎　茂

阿部サダヲ

あべ・さだを● 1970 年 4 月 23 日　千葉県出身

近年の出演作品

映画『シャイロックの子供たち』(2023)、ドラマ『不適切にもほどがある !』(2024 ／ TBS)、『広重ぶるう』(2024 ／ NHK)、映画『ラストマイル』(2024)、『十一人の賊軍』(2024) など。
2025 年には、連続テレビ小説『あんぱん』(NHK) に出演予定。

漆崎日胡

芦田愛菜

あしだ・まな● 2004 年 6 月 23 日　兵庫県出身

近年の出演作品

ドラマ『最高の教師 1 年後、私は生徒に■された』(2023 ／日本テレビ)、『日曜劇場 さよならマエストロ～父と私のアパッシオナート～』(2024 ／ TBS) など。

現在、バラエティ『サンドウィッチマン & 芦田愛菜の博士ちゃん』(テレビ朝日) にレギュラー出演中。

NK細胞

仲里依紗

なか・りいさ

●1989年10月18日　長崎県出身

近年の出演作品

「TOKYO MER ～走る緊急救命室～」シリーズ (TBS)、ドラマ『大奥』(2023 ／ NHK)、ドラマ『離婚しようよ』(2023 ／ Netflix)、映画『白鍵と黒鍵の間に』(2023)、ドラマ『不適切にもほどがある !』(2024 ／ TBS) など。

現在、連続テレビ小説『おむすび』(NHK) にレギュラー出演中。

キラーT細胞

山本耕史

やまもと・こうじ

●1976年10月31日　東京都出身

近年の出演作品

ドラマ『不適切にもほどがある!』(2024 ／ TBS)、ドラマ『花咲舞が黙ってない』(2024 ／日本テレビ)、『地面師たち』(2024 ／ Netflix)、映画『キングダム 大将軍の帰還』(2024)、『もしも徳川家康が総理大臣になったら』(2024) など。

マクロファージ

松本若菜

まつもと・わかな

●1984年2月25日 鳥取県出身

近年の出演作品

ドラマ『君が心をくれたから』(2024／フジテレビ)、『西園寺さんは家事をしない』(2024／TBS)、『わたしの宝物』(2024／フジテレビ) など。
2025 年 1 月 17 日には、出演映画『室町無頼』が公開予定。

ヘルパーT細胞

染谷将太

そめたに・しょうた

●1992年9月3日 東京都出身

近年の出演作品

映画『陰陽師 0』(2024)、『違国日記』(2024)、『あのコはだぁれ？』(2024)、『若き見知らぬ者たち』(2024) など。
2024 年 12 月 6 日には、映画『劇場版ドクターX』が、12 月 20 日には映画『聖☆おにいさん THE MOVIE ～ホーリーメン VS 悪魔軍団～』が公開。

血小板

マイカピュ

●2014年6月20日 千葉県出身

近年の出演作品

『ゴー!ゴー!キッチン戦隊クックルン』(2021～2024／E テレ) にレギュラー出演。5代目キッチン戦隊クックルンの主要メンバー・マイカとして活躍。

肝細胞

深田恭子

ふかだ・きょうこ

●1982年11月2日 東京都出身

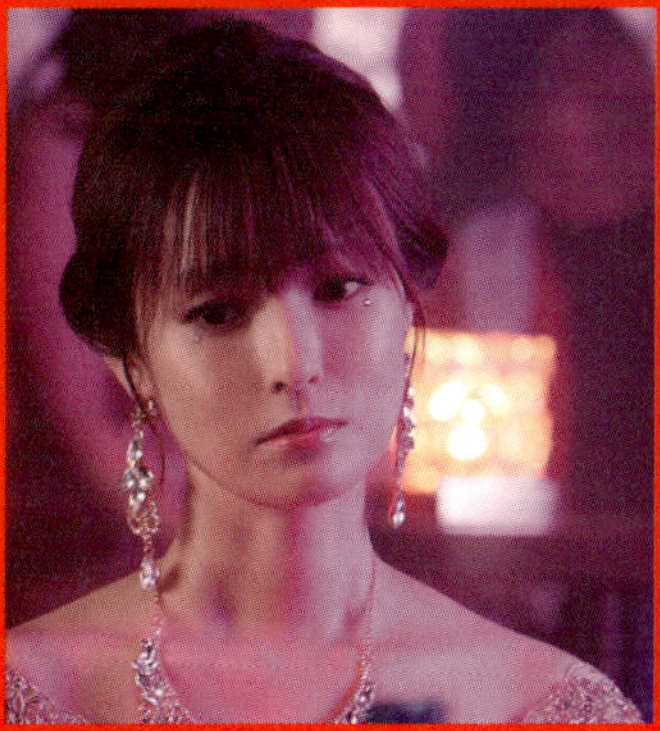

近年の出演作品

映画『空飛ぶタイヤ』(2018)、ドラマ「ルパンの娘」シリーズ(2019·2020／フジテレビ)、ドラマ『初めて恋をした日に読む話』(2019／TBS)、映画『劇場版 ルパンの娘』(2021)、ドラマ『18／40～ふたりなら夢も恋も～』(2023／TBS) など。

謎の異常細胞

Fukase (SEKAI NO OWARI)

ふかせ

●1985年10月13日 東京都出身

近年の出演作品

バンド・SEKAI NO OWARI のメンバー。2011 年にメジャーデビューし、多くのヒット曲を生み出すとともに、約 35 万人を動員する全国アリーナツアーなどを開催。2021 年公開の映画『キャラクター』で俳優デビュー。SEKAI NO OWARI の最新作はアルバム「Nautilus」。

肺炎球菌

片岡愛之助

かたおか・あいのすけ

●1972年3月4日 大阪府出身

近年の出演作品

映画「仕掛人・藤枝梅安」シリーズ (2023)、ドラマ『Dr. チョコレート』(2023／日本テレビ)、映画『キングダム 運命の炎』(2023)、『翔んで埼玉 ～琵琶湖より愛をこめて～』(2023) など。
2025 年には、大河ドラマ『べらぼう～蔦重栄華乃夢噺～』(NHK) に出演予定。

黄色ブドウ球菌
小沢真珠
おざわ・まじゅ
●1977年1月3日　東京都出身

近年の出演作品

ドラマ「ルパンの娘」シリーズ（2019・2020／フジテレビ）、映画「翔んで埼玉」シリーズ（2019・2023）、映画『劇場版 ルパンの娘』（2021）、ドラマ『さらば、佳き日』（2023／テレビ東京）、『単身花日』（2023／テレビ朝日）など。

化膿レンサ球菌
新納慎也
にいろ・しんや
●1975年4月21日　兵庫県出身

近年の出演作品

映画『神回』（2023）、連続テレビ小説『ブギウギ』（2023／NHK）、ドラマ『ブラックペアン2』（2024／TBS）など。

現在、連続テレビ小説『おむすび』（NHK）にレギュラー出演中。11月7日よりミュージカル『プロデューサーズ』上演。

武田　新
加藤清史郎
かとう・せいしろう
●2001年8月4日　神奈川県出身

近年の出演作品

ドラマ『最高の教師 1年後、私は生徒に■された』（2023／日本テレビ）、ミュージカル『LUPIN ～カリオストロ伯爵夫人の秘密～』（2023）、舞台『未来少年コナン』（2024）、ブロードウェイミュージカル『NEWSIES』（2024）など。

先輩赤血球
加藤諒
かとう・りょう
●1990年2月13日　静岡県出身

近年の出演作品

ドラマ『僕の愛しい妖怪ガールフレンド』（2024／Amazon Prime Video）、『映画ネメシス 黄金螺旋の謎』（2023）、ドラマ『科捜研の女 season24』（2024／テレビ朝日）など。

現在、『NHK 高校講座 美術Ⅰ』（Eテレ）にレギュラー出演中。

新米赤血球
板垣李光人
いたがき・りひと
●2002年1月28日

近年の出演作品

ドラマ『フェルマーの料理』（2023／TBS）、ドラマ『マルス-ゼロの革命-』（2024／テレビ朝日）、映画『劇場版 君と世界が終わる日に FINAL』（2024）、『陰陽師0』（2024）、『ブルーピリオド』（2024）、『八犬伝』（2024）など。

Visual Dictionary

見どころもわかる
細胞＆細菌図鑑

人間の体内で生きる細胞は約37兆個。
細菌やウイルスなどもいて個性豊か。
多彩なキャラクターを紹介。

【参考文献】
清水茜『はたらく細胞』 1～6巻（講談社）／ 原田重光・初嘉屋一生・清水茜『はたらく細胞ＢＬＡＣＫ』1～8巻（講談社）
清水茜・シリウス編集部 講談社編『はたらく細胞 公式コミックガイド』(講談社) ／『よくわかる！「はたらく細胞」細胞の教科書』(講談社)
『感染症を正しく学べる！ はたらく細胞 ウイルス＆細菌図鑑』（講談社）／『Newton別冊 人体ではたらく細胞のすべて』(ニュートンプレス)
『ウイルス・細菌の図鑑』（技術評論社）／『ずかん細菌』(技術評論社) ／『楽しくわかる！体のしくみ からだ事件簿』(ダイヤモンド社)
『カラダから出る「カタチのない」もの“キャラクター図鑑”』（誠文堂新光社）／『運動・からだ図解 消化器のしくみ』(マイナビ出版)
『そーなんだ！ おもしろテーマシリーズ からだのしくみ』(デアゴスティーニ・ジャパン)
厚生労働省 e- ヘルスネット「喫煙と循環器疾患」（https://www.e-healthnet.mhlw.go.jp/information/tobacco/t-03-002.html)
「アルコールと肝臓病」（https://www.e-healthnet.mhlw.go.jp/information/alcohol/a-01-002.html)

おっちょこちょいで失敗もするけれど、
立派な赤血球になるため一生懸命!

赤血球

赤血球に成長する前の赤芽球。一人前の赤血球になるため、マクロファージ先生のもとで日々訓練中!

赤血球の形態

●サイズ／7〜8μm

中央がくぼんだ円盤状で、柔軟性がある。動脈の赤血球は酸素を多く含むので明るい赤、静脈の赤血球は暗い赤色。

Character
《キャラクター解説》
Description

真面目で素直。一人前の赤血球として自分の使命を果たそうと、仕事に一生懸命取り組むが、少々おっちょこちょいで周りから出遅れがち。方向音痴で、よく道に迷ってしまう。体を守るために全力で敵と戦っている細胞たちの姿を目にして、酸素を運ぶことしかできない自分が無力に感じられ、自信を失って落ち込む。まだ赤芽球だった頃、危ういところを骨髄球に助けられたことを覚えていて、白血球（好中球）になんとなく親しみを覚えている。

Cell
《細胞のはたらき》
Function

血液中にある血球のうち、99％を占めている赤血球。鉄とタンパク質からなる血色素、ヘモグロビンを多く含むため赤い。血液循環によって体中の細胞に酸素を運び、二酸化炭素を肺へと運ぶ。赤色骨髄で造血幹細胞から前駆細胞を経て、赤芽球として生を受け、マクロファージによって育成され、脱核して赤血球となる。赤血球の寿命は約 120 日。寿命が来ると、マクロファージに貪食されたりクッパー細胞に養分として利用されたりする。

The
《見どころ》
Highlight

立派な赤血球になるべく、ひたむきに自分の仕事に向き合う健気な AE3803。体のあちこちに酸素を運ぶという役目ながら、道に迷っては戸惑う姿がちょっと危なっかしく、目が離せない。

敵が襲来した際、守ってもらうことしかできずに落ち込むこともあったが、自分もまた体を支える“はたらく細胞”の一員なのだと気づかされ、自信を取り戻していくなど、少しずつ成長が見える。さまざまな経験をしていくなかで赤血球としての自覚と責任感を強くもつようになり、心が折れそうになっている新米赤血球を励ましたり、どんな苦難に遭っても酸素を届けようと奮闘したりするその姿に、胸が熱くなる。

一方、かなり劣悪な環境ではたらくことになった新米赤血球は、先輩赤血球から自分がいる体が直面している危機的状況について話を聞き、絶望的な気持ちに。そんな二人を待ち受ける、さらなる恐ろしい事態とは !?

敵を見つけたら、即ぶっ殺す！
無表情の奥には優しさも垣間見える

白血球（好中球）

1146

体のバリア機能を活用し、細菌やウイルスを撃退！ 敬礼&「ばいばい菌だ」のキメゼリフで、最期を見届ける。

白血球(好中球)の形態

サイズ／12～15μm

遊走、殺菌、貪食など、感染の防御や異物除去に関わるさまざまな働きを備えた細胞。

Character 《キャラクター解説》 Description

「体の中に侵入してくる敵を、とにかくぶっ殺す」という使命を、黙々と遂行。敵と見なした相手は徹底的に追いかけ、容赦なく駆除する。敵を見つけるとスイッチが入り怖いところもあるが、基本的には優しい性格で律儀な一面もある。骨髄球だった頃に赤血球 AE3803を助けたという縁もあってか、鈍くさい赤血球 AE3803 を幾度となく助けるなど、面倒見はいいタイプ。自分がどれだけ傷だらけになっても、主の体を守るために全力で戦い抜く。

Cell 《細胞のはたらき》 Function

血液成分の一種で、外部から体内に侵入した細菌やウイルス、真菌などの異物を攻撃し、排除するのが主な役割。造血幹細胞から分化して生成される。白血球には、顆粒球 (好中球、好酸球、好塩基球)、リンパ球、単球などの種類があり、そのうち好中球は血液中の白血球の半数以上を占める。血管の壁をすり抜けて敵のところへ行ける“遊走”、体内に侵入した病原菌や異物を食べて自らの栄養にする“貪食”などの特性をもつ。感染や炎症、血液の病気により増減。

The 《見どころ》 Highlight

普段は体内をパトロールしているが、抗原を発見するなり、驚くべき速さで駆け出して、襲い掛かってくる敵を表情も変えずにどんどん倒す。そのスピード感溢れるシャープなアクションには、守ってもらう側の赤血球も圧倒されるほど。

赤血球 AE3803 をなんとなく気にかけている様子で、時折柔らかい表情も覗かせる。仕事内容から周りの細胞たちに恐れられることも多いが、本人は意に介さず、ひたすら職務を全うする。

「白血球」という名のとおり頭からつま先まで白ずくめ。細菌を感知したら瞬時に立ち向かえる、動きやすさ最優先のスタイルだが、白血球 (好中球) には欠かせない、細菌などを察知するレーダーであるレセプターの仕様はちょっとオマヌケで笑いを誘う。

キラーT細胞

外敵は発見次第、即仕留めることが鉄則！

Character Description
《キャラクター解説》

「KILL」と書かれたキャップをかぶる、黒ずくめの戦闘集団。タフな拳と体力を武器に侵入者と戦う細胞。マッチョな体育会系で声が大きく、思っていることがそのまま顔に出る、頭の中まで筋肉でできていそうな直情型だが、「体を守る」ことに懸ける気合と情熱はすさまじい。ヘルパーT細胞の指示を受けて、集団で動く。現場でたびたび一緒になるNK細胞のことをライバル視しており、戦果を競っている。

Cell Function
《細胞のはたらき》

白血球の20～40%を占めている免疫担当のリンパ球。その一種である「T細胞」のひとつで、別名「細胞傷害性T細胞」。ヘルパーT細胞の指令によって出動する。がん細胞やウイルスに感染した細胞を認識すると、異物を直接攻撃して破壊、排除する働きをもつ。目標を複数で攻撃するのが特徴。同じ敵が現れたときに再攻撃を仕掛けるため、キラーT細胞の一部である「メモリーT細胞」が控えている。

The Highlight
《見どころ》

腕っぷしに絶対の自信を持つ、ムキムキマッチョたち。現場に到着すると、リーダー格の掛け声を合図に敵に飛びかかり、拳でなぎ倒していく。肉弾戦ともいえるようなド迫力の戦いぶりが、観る者を圧倒。どんなに不利な状況に置かれても、最後まで戦いを諦めることなく、気合とパワーで苦境を突破していく。NK細胞とは顔を合わせればケンカになるが、その軽快な口ゲンカも息ピッタリで、意外に好相性!?

NK細胞

自らの意志で敵を倒す、生まれながらの殺し屋

Character Description

《キャラクター解説》

誰からの指示も受けず、自らの意志で戦うことに誇りをもっている一匹狼の殺し屋。どんな敵にもたった一人で立ち向かい、圧倒的な殺傷力で侵入者を倒していく。クールビューティーで勝ち気な自信家で、キラーT細胞から「ナルシスト」呼ばわりされてカチン。熱血漢なキラーT細胞とは対照的なキャラクターで、現場で顔を合わせるとしょっちゅう口ゲンカ。だが、敵を前にした際は協力して戦う。

Cell Function

《細胞のはたらき》

NKとは“ナチュラルキラー（生まれながらの殺し屋）”の略で、リンパ球に含まれる免疫細胞のひとつ。常に全身をパトロールし、がん細胞やウイルス感染細胞などの異常細胞を見つけると、単独で真っ先に攻撃して破壊。極めて強い殺傷能力をもち、近年はがん免疫療法においても注目されている。この細胞の活性化には笑うことが有効で、「笑い」によって生産される神経ペプチドという情報伝達物質が細胞の表面に付着すると活発になるといわれている。

The Highlight

《見どころ》

剣を手に持ち、戦闘員のようなスタイル。いつも一人で行動していて、周囲に異常がないかを鋭い目つきで警戒している。危険度の高い敵でも全く怯むことなく飛びかかり、鮮やかな剣さばきで倒していくさまが爽快！　大胆不敵かつぶっきらぼうな物言いで、とくにキラーT細胞には挑発的な態度に出がち。そんなキラーT細胞や白血球（好中球）とのコンビネーションにも注目だ。

マクロファージ

聖母のような包容力を備えた多彩な免疫細胞

Character Description

《キャラクター解説》

赤芽球が一人前の赤血球になるまでの育成を担当する、クラス担任のような存在。穏やかな性格で、未熟な赤芽球を包み込むように優しく見守る。いつも微笑みを浮かべており、おっとりとした言動が特徴。レースやフリルがたっぷりのドレスにメイドキャップというフェミニンなルックスだが、どんな事態に直面しても冷静な一面があり、侵入者が現れた際はヘルパーT細胞に情報を的確に伝達する。

The Highlight

《見どころ》

あどけない赤芽球たちを教え導くさまは慈愛に満ちており、赤芽球たちにも「マクロファージ先生」と慕われている。その場にいるだけで周囲の空気も柔らかくしてしまうような、天性の“癒やし系”。だが、侵入者を見つけるとキリリと凛々しい表情に変わり、無線でその情報を伝えるなど、さまざまな面で頼りになる“しごデキ”なキャラクター。そのギャップに萌えてしまう人も少なくないはず!?

Cell Function

《細胞のはたらき》

白血球の一種で、20～50μmと比較的大きめの細胞。骨髄内では赤芽球がマクロファージに集まり、分化や成熟する。体内に細菌やウイルスなどの異物が侵入すると、捕らえて死滅させ、抗原や免疫情報を見つけ出してヘルパーT細胞に情報を知らせる役割を担う。組織の損傷や自然死などで死んだ細胞や細菌を片付ける“掃除屋”的な役割も果たすなど、さまざまな顔をもっている。

ヘルパーT細胞

キラーT細胞との連携で、敵を的確に攻撃

Character Description
《キャラクター解説》

マクロファージが収集した外敵に関する情報を元に、キラーT細胞に攻撃の指示を出す“司令塔”的な役割を担う。真面目なインテリタイプで、体内にドーパミンやエンドルフィンが分泌された際も、なんとか冷静さを失わず堪えようとする。自ら戦いの前線に出ることはなく、キラーT細胞の攻撃を陰で支える。仕事に追われていないときは、部屋で優雅にティータイムを過ごすことが楽しみなインドア系。

Cell Function
《細胞のはたらき》

キラーT細胞と同じく、骨髄で産生されて胸腺内で分化、成熟する。マクロファージから体内に侵入したウイルスや細菌などの情報を受け取ると、その情報を元に攻撃するための戦略を立て、キラーT細胞に情報を共有して戦う指令を出す。また、ほかの免疫細胞を活性化させて全体をコントロールする。ヘルパーT細胞のそばには制御性T細胞がいて、T細胞の暴走によって免疫異常を起こさないようにはたらきを制御している。

The Highlight
《見どころ》

ほかの細胞たちとは働く環境が異なり、たくさんのモニターが設置された薄暗い部屋がヘルパーT細胞の主戦場。マクロファージから寄せられた侵入者の情報を分析して的確に敵を攻撃するための作戦を立て、キラーT細胞を動員するという、細胞たちの“ブレーン”的な働きを見せる頭脳派だ。ハデなアクションはないが、彼らの存在なしにはキラーT細胞は動くことができないため、まさに“縁の下の力持ち”的存在と言える。

血小板

血液を固めて傷口を塞ぐ、かわいい仕事人

Character Description
《キャラクター解説》

小さな子どものような愛らしいルックスで礼儀正しく、周りの細胞たちを和ませる。常に連れ立って行動し、リーダー格の指示に従い、みんなで協力して、傷口を塞ぐための作業をひとつひとつ丁寧に進めていく。小柄で力も強くないため、一人でできることは多くないが、集まれば大きな力を発揮して、血管内の平和を保っている。顔見知りになった赤血球を「お姉ちゃん」、白血球を「お兄ちゃん」と呼ぶ。

Cell Function
《細胞のはたらき》

血液成分の一種で、血管が損傷したときに集合し、傷口を塞いで止血する。一般的な細胞に比べて小さいのが特徴。血管に穴が開いて血液が流れたとき、フィブリンによって血小板同士がくっつき合い、傷口を塞いで血栓を作る。そして外壁となる細胞の修理が終わるまでの間、赤血球や白血球がフィブリンに絡まって穴を防ぐシステムになっている。この血栓が乾燥すると、カサブタに。

The Highlight
《見どころ》

青いスモッグにキャップをかぶり、黄色いバッグを斜めがけして、「うんしょ、うんしょ」と掛け声をかけながらみんなで修復作業に向かう様子にほっこり。凝固因子でフィブリンを繋ぎ合わせて、傷口を塞ぐ巨大なネット（血栓）を完成させるのには驚かされる。小さくともプロの仕事人なのだ。数が不足すると、あざができやすくなったり、出血が止まりにくくなったりといった影響が出る。

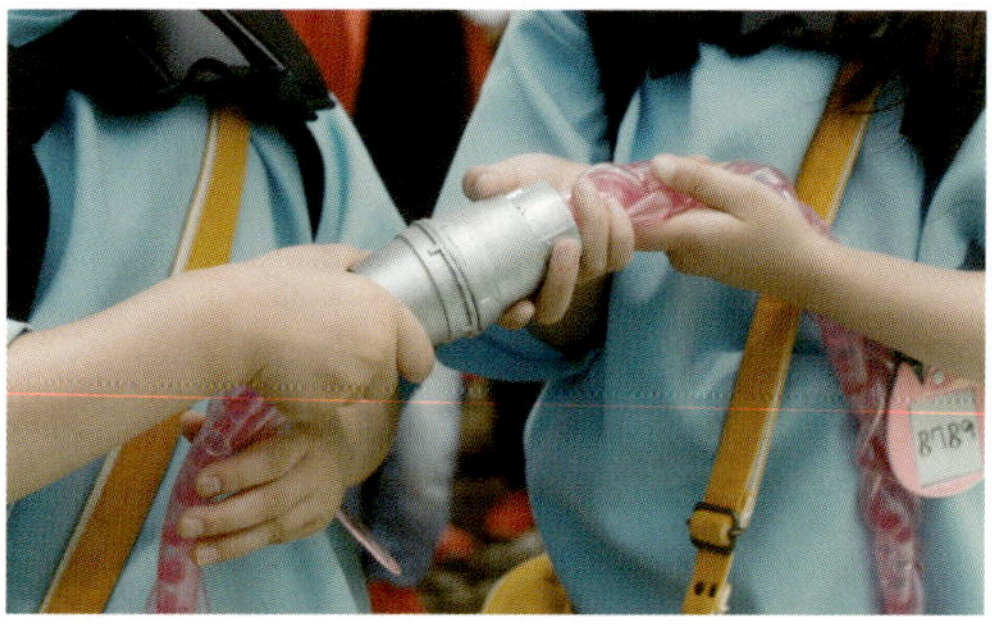

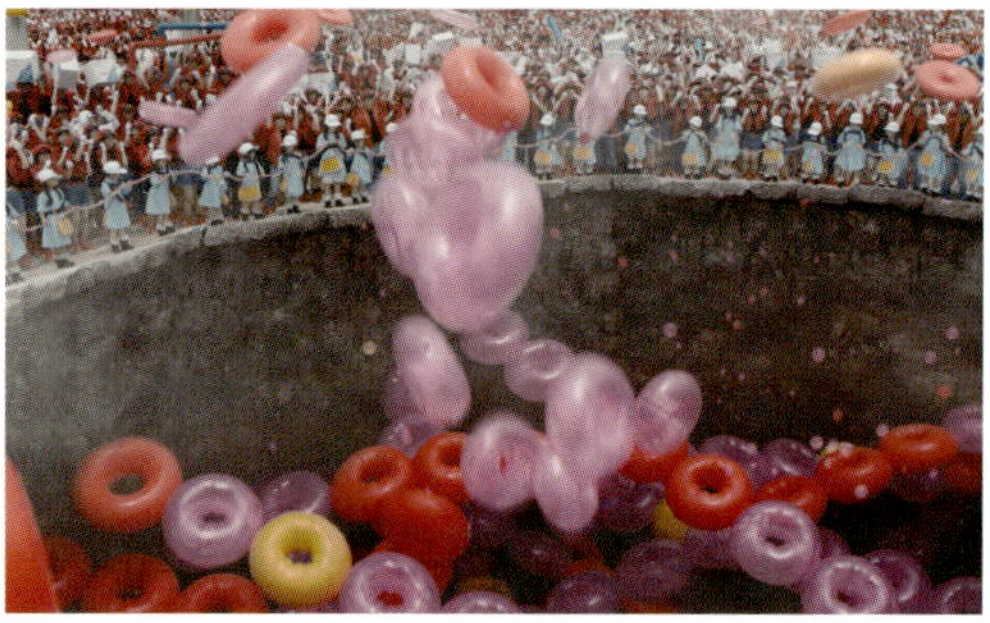

肝細胞

どこか哀しい眼差しをした、癒やしの美女

Character Description

《キャラクター解説》

妖艶なクッパー細胞たちが踊る昭和のキャバレーのような店内で、アルコールを浴びてしまった赤血球のアルコールを抜き、癒やしているとびきりの美女。華やかにドレスアップした姿で、赤血球たちを迎える。口数は多くなく、いつももの静かに客たちを見守っている。自分たちの世界である体の状態を憂えているものの、細胞である自分たちには何ができるわけでもなく、諦めにも似た境地で現状を受け入れているよう。

Cell Function

《細胞のはたらき》

肝臓の7～8割を構成する細胞。酵素 ADH（アルコール脱水素酵素）と酵素 ALDH（アルデヒド脱水素酵素）の働きで血液中のアルコールを分解。水と二酸化炭素として、体内から排出する。アルコールを大量に摂取し続けると、肝臓での脂肪の分解がされず、脂肪肝になる恐れが。また肝細胞の障害が慢性化すると、肝硬変など重篤な肝疾患に繋がることも。

The Highlight

《見どころ》

「肝臓」の看板が掲げられた巨大なアーチが印象的な、ネオン輝く賑やかな歓楽街。その一角にあるのが、肝細胞の部屋だ。ラウンジを彷彿させる店内でロングドレスを身にまとい、客の傍らにそっと座っている。その佇まいは優美かつ上品で、セクシーな装いが目をひくクッパー細胞とは一線を画している。日々繰り返される、細胞たちのボヤキや愚痴を受け止める、その美しさや静かな眼差しに目を奪われる。

謎の異常細胞

“異常な細胞”と見なされた怒りで増殖＆攻撃

Character Description

《キャラクター解説》

血球として生まれて 14 日経ったが、骨髄芽球のまま成長が止まった“異常”な細胞であることを理由に処分されそうになり、不良品扱いされることに反発。憎悪の念から変異し爆発的に増殖した。骨髄芽球のときから負けん気が強く、白血球（好中球）にも本気で戦いを挑み「大きくなったら、絶対お兄ちゃんみたいな強い白血球になる！」と意気込む。その心意気を汲んだ白血球（好中球）から、「待ってるぞ」という言葉と共にナイフを1本手渡された。以来、その約束を胸に、立派な白血球になって働くことを夢見て頑張ってきた。

The Highlight

《見どころ》

骨髄芽球の面倒を見る役目の好中球先生も指摘するように、負けん気の強さや意志の強さは子どもの頃の白血球（好中球）にそっくりのよう。たとえ敵わない相手にも全力で挑み、決してへこたれない。強くてタフな白血球（好中球）に憧れ、自分も彼に負けないくらい強くなりたいと、その背中を追いかける。成長後も、子どもの頃の記憶はそのまま残っていて、再会した白血球（好中球）に「また僕と一緒に戦ってよ！」と無邪気な笑顔を見せるが、幼少期とはガラリと異なる容貌に、白血球（好中球）は驚きを隠せない。

肺炎球菌

肺への侵略を目論む、毒性の強い病原細菌

Character Description
《キャラクター解説》

黄色ブドウ球菌などと共に、体内に入り込んだ。目的地である肺に辿り着くため、赤血球 AE3803 が運ぶ荷物の中にこっそり忍び込むなどズル賢い。酸素を運ぶ赤血球は格好のターゲットで、自らの栄養補給のため赤血球を食べてしまおうとする。遊走によってその場に現れた白血球（好中球）と共に逃げる赤血球 AE3803 を、いいところまで追い詰めて調子に乗るが、逆に捕獲されてしまう。禍々しいルックスや喋り方のわりには、ちょっとマヌケなところアリ。

Bacteria Effects
《細菌がおよぼす影響》

呼吸器病原性菌。莢膜《きょうまく》（一部の細菌が持つ、細胞壁の外側にある厚い層）で白血球などの免疫細胞の攻撃から身を守るため、退治するのが難しい。肺に感染して肺炎を起こすほか、血液の中に入り込むと突然高熱が出る「肺炎球菌菌血症」を引き起こす。「細菌性髄膜炎」になることも。予防にはワクチン接種及びうがいや手洗い、マスク着用など日々の感染対策が肝要。

The Highlight
《見どころ》

青色のボディに頭部から何本も触手のようなものが伸びた、不気味なルックス。白血球（好中球）に気づかれることなく肺胞までうまく辿り着けたとニンマリし、怯える赤血球 AE3803 の姿を見て喜ぶなど、まさに“悪役”そのもの。現場に駆け付けたものの戦うことなく、赤血球 AE3803 を連れて逃げるだけの白血球（好中球）を勢いに乗って追いかけ、「弱虫めが！」と毒づく。しかし、想像もしなかった展開に狼狽えてジタバタ、情けないラストを迎えることに。

化膿レンサ球菌

ありふれた常在菌だが、侮ると危険なヤツ！

Character Description
《キャラクター解説》

赤色骨髄内で迷子になってしまった赤芽球が出くわした菌。血球をイジメるのが大好きで、生意気なヤツは大嫌い。まだ小さい赤芽球や骨髄球に対しても容赦がなく、一旦は攻撃にやられたフリをして、鋭い爪で襲いかかるなど、いかにもな性格の悪さを見せる。

Bacteria Effects
《細菌がおよぼす影響》

咽頭や消化器、皮膚などに生息する、ごくありふれた常在菌の一種で、球菌が連鎖した形態で観察される。傷口や粘膜から体内に侵入し、熱や喉の痛みをともなう咽頭炎や皮膚感染症などの軽度の疾患から、致死率の高い劇症型レンサ球菌感染症まで、さまざまな疾患を引き起こす。“人食いバクテリア”の異名を持つ細菌で、決して軽視できない。

The Highlight
《見どころ》

体のさまざまなところから大小のトゲが突き出している恐ろしい風貌で、ニヤニヤといやらしい笑みを浮かべながら赤芽球や骨髄球に迫っていく姿には恐怖心を煽られる。鋭い爪が伸びた手のほか、頭からも長く黒い爪が付いた触角が伸びていて、それも動かして攻撃できるなど殺傷力は高めのようだ。しかし、骨髄球にトドメを刺そうとしたところで、駆除される。

黄色ブドウ球菌

女王様のような立ち居振る舞いで体内を襲う

Character Description

《キャラクター解説》

肺炎球菌らと同じく、傷口から体に侵入。ブドウの房のような形をした、黄色のドレスを身にまとっている。傷口などから侵入し、邪魔な細胞たちはすべて殺して、代わりに自分たちが体に居座ろうとする。まるで女王様のように尊大な態度や口調で、赤血球を食べてしまおうと狙う。

Bacteria Effects

《細菌がおよぼす影響》

人や哺乳動物の皮膚、毛穴、のど、鼻などに常在する細菌。菌の形態や配列がブドウの房状に見えることから、この名が付いた。毒性が強く、傷口から体内に侵入すると、皮膚感染症や肺炎など多様な症状を引き起こす。食べ物の中で増殖するとエンテロトキシンという毒素を出し、これを摂取すると食中毒に。調理する人の手指に傷があり、そこから食品が汚染されることもあるので注意が必要だ。

The Highlight

《見どころ》

細菌たちの中でもひときわ目立つ、全身黄色の出で立ち。特徴的なドレスはところどころの房が光るという仕様だ。肺炎球菌に手を取られ、高笑いをしながら歩いたり、悲鳴を上げて逃げ惑う赤血球たちを楽しそうに見つめたりする様子は、まさに“悪の女王”的な佇まい。だが赤血球 AE3803 のことを狙ったのが運の尽き、白血球（好中球）から返り討ちに遭う。

細胞のはたらきで見る 人体のしくみ

細胞のはたらきによりさまざまな反応が起き、多様なアクシデントに対応している私たちの体。「トキメキ」や「すり傷」など身近なケースで、体内では何が起こっているのか、その仕組みを解説する。

恋する女子高校生の トキメキ

片思いしている先輩・新と会話を交わし、密かに胸をときめかせる日胡。新の爽やかな笑顔に、思わずはにかむ彼女、そのとき体内の細胞たちはとんでもないフィーバー状態になっていた！

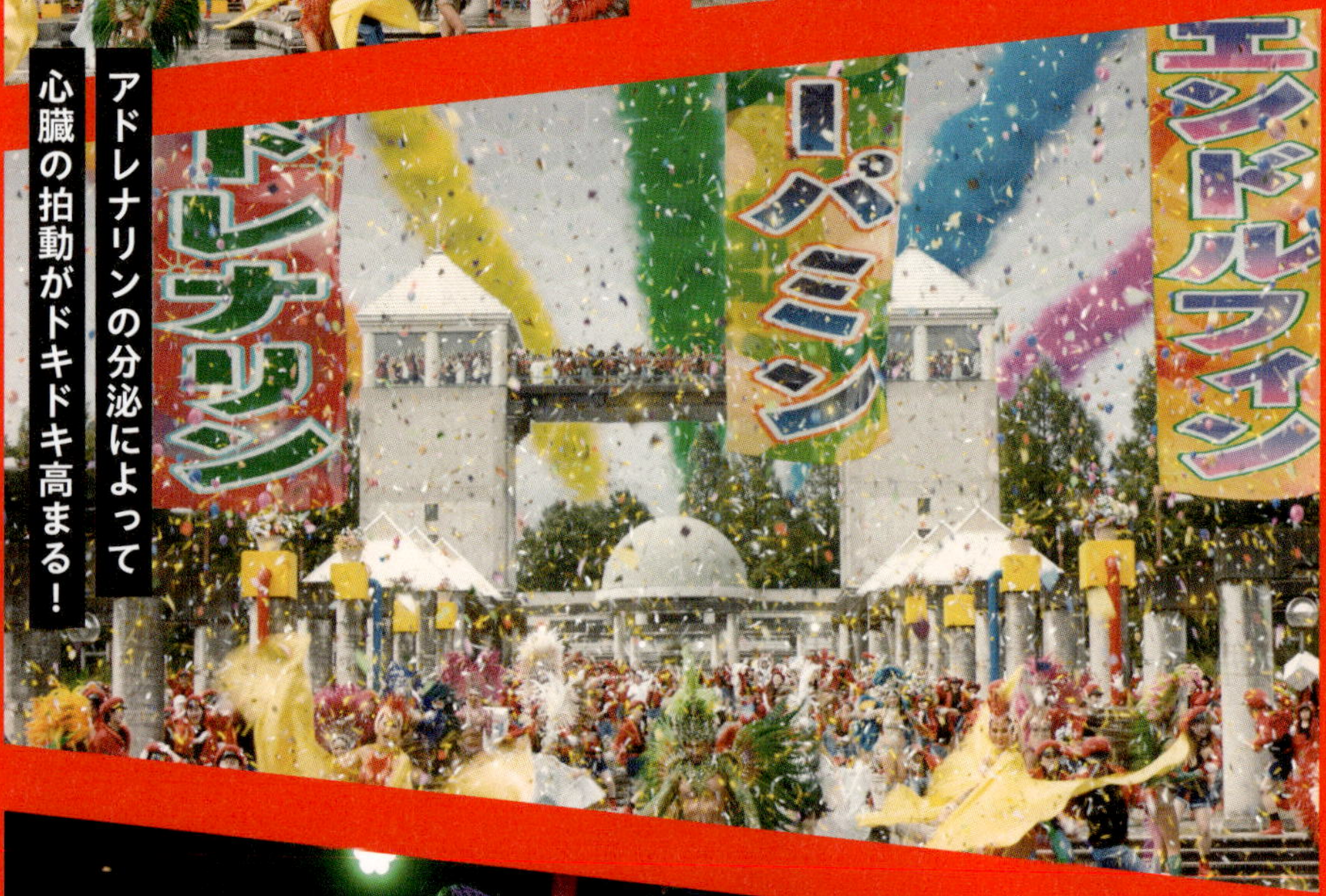

アドレナリンの分泌によって
心臓の拍動がドキドキ高まる！

制御不能！

恋愛感情によってアドレナリン（交感神経を刺激するホルモン）が分泌されると、心拍数が上がり、体内により多くの酸素を供給するよう血流が促進されるため、ドキドキと拍動が高まる。こうしてアドレナリンが体内に急増すると、ヘルパーT細胞もコントロールができない状態に。

幸せホルモンの働きで
細胞も赤血球もみ〜んなハッピー☆

ジャンプ！ジャンプ！

「トキメキ」が止まらない日胡の体内では、ドーパミンやエンドルフィンといった“幸せホルモン”の分泌も活性化。体内のテンションはアゲアゲで、サンバ隊が現れて踊りまくり、仕事をしていた赤血球たちも、仕事を忘れて大はしゃぎ！

細胞や赤血球は多幸感に沸き立ち、
体中にエネルギーがみなぎる！

ノリにノッている神経細胞のテンションに引っ張られて、いつも沈着冷静なヘルパーT細胞も、内から湧き上がる衝動や興奮を抑えきれない。サンバ隊の踊りはますます激しくなり、紙吹雪やテープが舞い散るなか、お祭り騒ぎは最高潮を迎える。

体内に侵入した菌を外へ！

くしゃみ

鼻の奥に付着したほこりや細菌、ウイルスなどの異物を体内に取り込まないようにするための体の防御反応。自然反射的に出るため、自力で制御することは難しい。

鼻が何となくムズムズするのは異物が侵入している知らせ!?

ゴミや細菌、ウイルスが肺に入らないようにするために起きるのが「くしゃみ」。肺炎球菌は白血球（好中球）の追跡を逃れて肺へ辿り着こうと、赤血球AE3803の運ぶ荷物の中に身を隠していた。赤血球AE3803は気づかないまま、肺胞に到着。絶体絶命のピンチで、白血球（好中球）が登場！

細菌の捕獲に成功しました。

白血球（好中球）は肺炎球菌と直接戦おうとせず、赤血球 AE3803 を連れて攻撃をかわしつつ逃げる。その狙いは、肺炎球菌を気管支へと誘導することだった。白血球（好中球）の策にまんまとハマった肺炎球菌は捕獲され、吐き出す呼気と共に、異物として体から排出される。「くしゃみ」は、花粉や動物の毛などのアレルゲン、コショウなどの刺激物、寒暖差による刺激などでも誘発される。

異物の侵入は絶対に許さない！
体に備わっている優れた防御システム

あーーー！
うわーあーー！

あーーーーー！！！
くしゃみ一号

細菌がどんなに抵抗しても、
勢いよく吐き出されてばいばい菌だ！

止血のため血小板が大集合!!

すり傷

転んだりした際に、道路や壁などに皮膚のいちばん外側の表皮が削られ、剝がれている状態。比較的浅い傷が多いが、傷口からばい菌が入ると、膿んだりすることも。

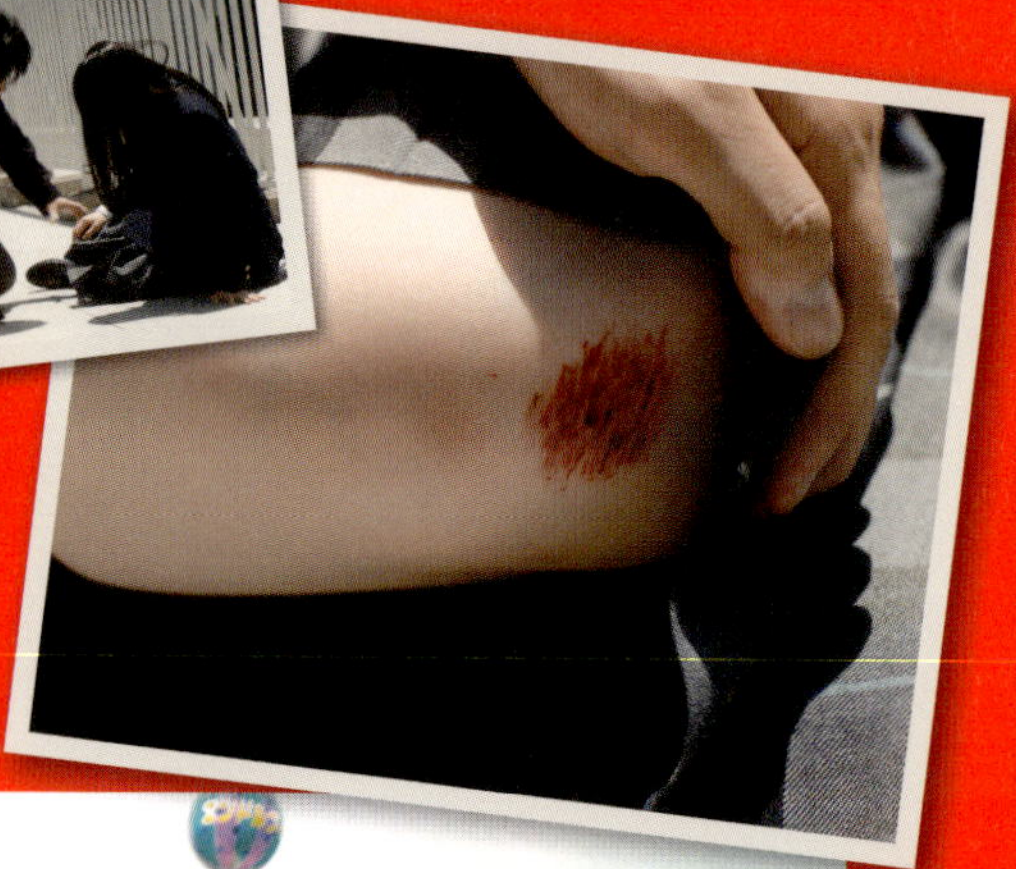

外からの衝撃によって血管の外壁が崩壊し、穴から血球たちが流れ出てしまう。血球たちはここから外に落ちてしまったら、二度とこの世界（身体）に戻ってくることはできないため大パニック。しかも早く塞がなければ外敵が侵入してくる可能性もあり、危険だ。

細胞たちの世界に大きな衝撃が！ 巨大な穴に、血球たちはパニック

ぽっかりと大きく開いた穴を塞ぎ、血球が流れ出るのを食い止めるという仕事をしてくれるのが、たくさんの血小板。園児のようなルックスがキュートで、階段を降りるのもえっちらおっちらというサイズながら、そのはたらきぶりは丁寧かつ堅実。「おつかれさまでーす！」と元気に挨拶すると、みんなで力を合わせ、傷口の修復に取りかかる。

おつかれさまでーす！

穴に落っこちないよう気を付けながら凝固因子とフィブリンをくっつける！

穴の周囲をぐるりと取り囲むように、傷口の縁に並ぶ血小板たち。指揮を執るリーダー格の血小板の声に合わせて、それぞれが手に持った凝固因子（たんぱく質の一種）とフィブリンを繋ぎ合わせると、フィブリンの網の膜が傷口全体を覆い固める。

傷口が完全に治るまで、体を張って穴を塞ぐ役割を負う赤血球＆白血球

血栓完成！

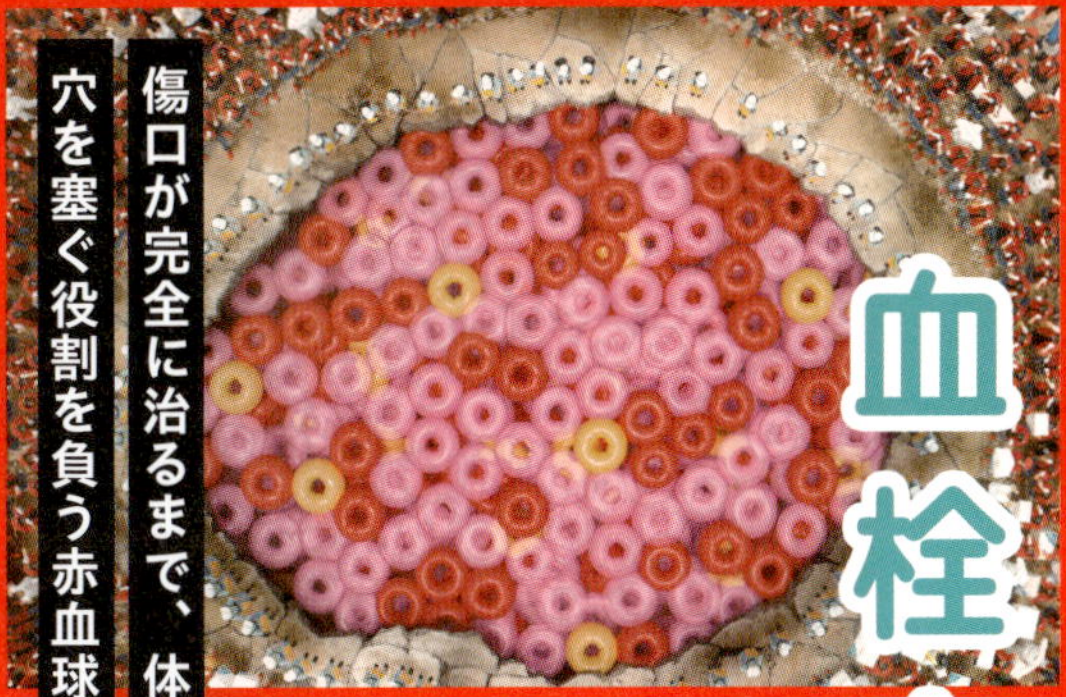

血小板だけでの止血は脆くてやや不安定。そこで赤血球や白血球が網の膜ができた傷口に次々と飛び込んでいく。血管に穴が開いた際は、外壁となる細胞の修理が終わるまでの間、血球たちによって穴を塞ぐ。これが、時間が経つと乾燥してカサブタとなり、自然と剥がれ落ちる。

速いスピードで増殖する

インフルエンザ

インフルエンザウイルスへの感染が原因で発症する気道感染症。日本では冬季に流行することが多く、38℃以上の高熱や頭痛、筋肉痛や関節痛などが現れる。

インフルエンザウイルスにはA、B、Cの3型がある。マクロファージが、インフルエンザウイルスが体内に侵入したことをヘルパーT細胞に知らせると、キラーT細胞が出動。NK細胞や白血球も集まり、インフルエンザウイルスを迎え撃つ。

インフルエンザウイルスが体内に侵入

ここからは、免疫細胞たちの出番！

見ろ、向かって来るぞ

細胞をのっとり、次々と仲間を増やす インフルエンザウイルスとの苛烈な戦い

インフルエンザウイルスの増殖スピードは細菌と比べてケタ違いに速く、細胞に入り込むと、短期間で増殖すると言われている。潜伏期間は1～5日。体内では白血球やキラーＴ細胞、NK細胞などさまざまな免疫細胞がインフルエンザウイルスに感染した細胞を攻撃、撃退する。

免疫細胞たちの激闘により ウイルス殲滅 体内は再び平和（健康）を 取り戻す

酸素不足で赤血球は大忙し

喫煙

ストレス軽減などの目的で吸われるタバコだが、さまざまな有害物質が含まれており、脳血管疾患など体への悪影響が指摘されている。

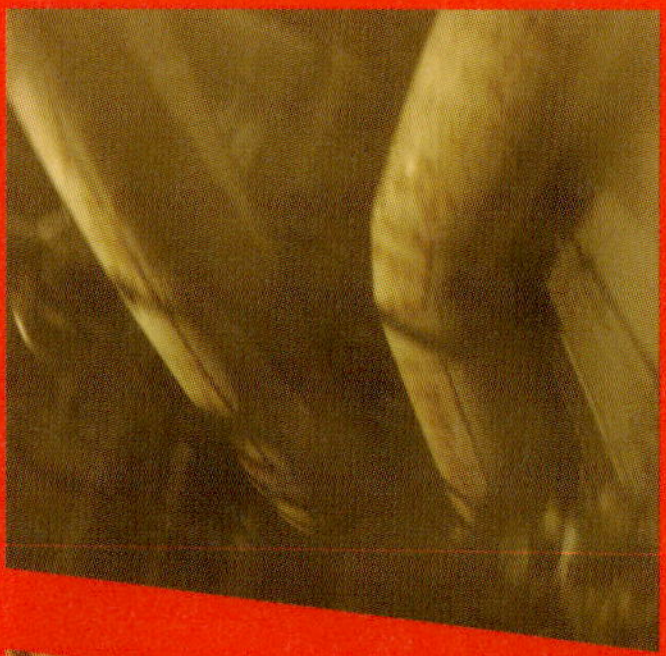

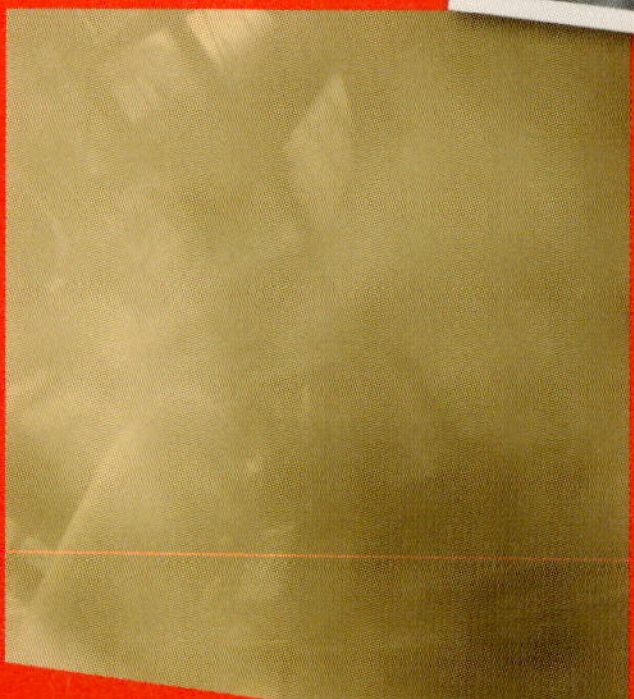

「喫煙」により体内で一酸化炭素が急増
酸素不足で、赤血球は休む暇なし……

タバコの煙は肺のほか口腔や気道などからも取り込まれて、全身を巡る。有害物質も同様に全身を巡り、悪玉コレステロールを増やして善玉コレステロールを減少させたり、血圧を上昇させたりと、体に弊害をもたらす。

コレステロールの不法投棄か！

「喫煙」すると、血管が強く収縮して全身の血流が悪化し、心拍数と血圧が上がるために心臓や血管への負担が増える。また一酸化炭素により脳を含む体内は酸素不足の状態になり、集中力や思考力が低下。

アルコール分解に励む肝細胞

飲酒

体内に吸収されたアルコールの分解を行うのは肝臓。長期にわたりアルコールを過度に摂取すると肝臓に負担がかかり、肝硬変などの機能障害を引き起こす。

さんざん働いて老いた赤血球は
クッパー細胞に食べられて終わり……

天井から降りそそぐアルコールの雨
甘美な味わいに、新米赤血球もフラリ

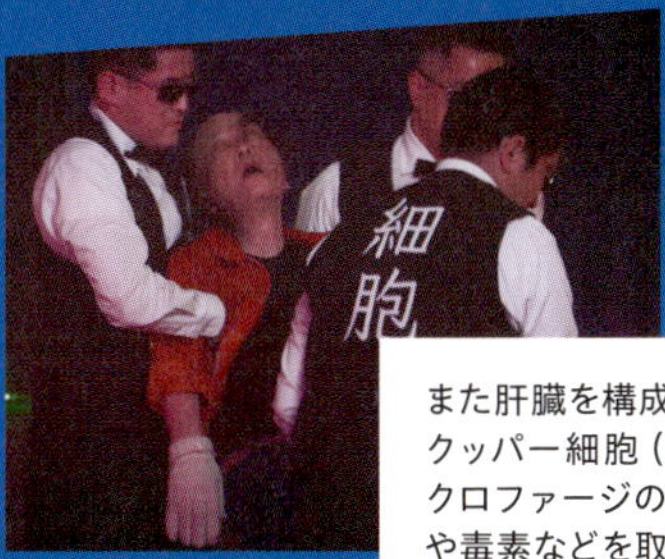

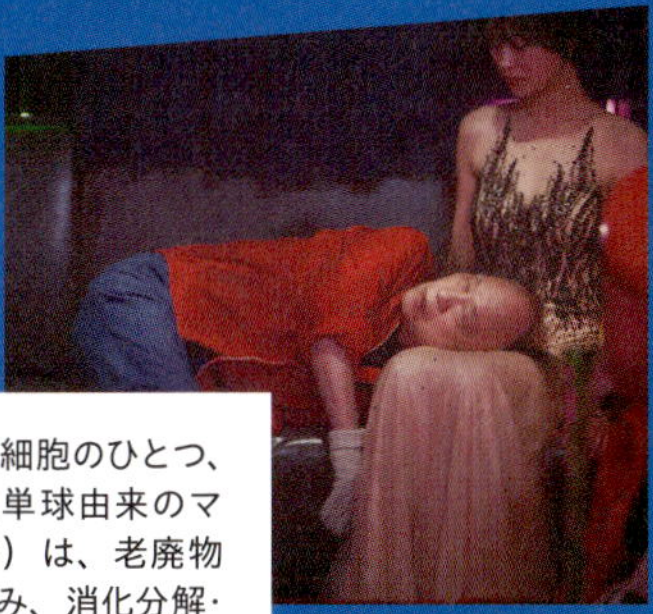

また肝臓を構成する細胞のひとつ、クッパー細胞（血液単球由来のマクロファージの一種）は、老廃物や毒素などを取り込み、消化分解・再利用などを行う働きをもつ。寿命が来た赤血球は、クッパー細胞が食べて、養分として利用される。

肝臓は、物質の合成や排泄・解毒など多彩な機能を持つ、“生体の化学工場”ともいえる臓器。しかしアルコールを大量に摂取し続けると、肝臓での中性脂肪の代謝が落ちて脂肪肝になったり、肝細胞が急激に破壊されてアルコール性肝炎になったりと、肝臓の機能が衰える恐れが。

押し合いへし合いの大乱闘

ウンチ

「ウンチ」の7～8割は水分で､残りは食べかすや腸の細菌、腸の死んだ細胞などで構成されている。健康な人の排便回数は１日1～２回程度だが、個人差がある。

肛門を死守するのは、２つの屈強な筋肉
赤血球たちにとってデンジャラスゾーン

プライドを持て！
一瞬でも気を抜くな！

肛門は内肛門括約筋、外肛門括約筋という2つの筋肉からできている。内肛門括約筋は腸の筋肉の一部で、自律神経の働きでお尻を締めるため、便が直腸に来ると自然に緩み、排便の準備をする。一方、外肛門括約筋はほかの筋肉（随意筋）と同様、意識的に緊張させて締めることができる。

出させろ！と内肛門括約筋の間をすり抜けようとする「ウンチ」たち

ワーーッ！

押し戻せ！

「ウンチ」は一粒たりとも絶対に通さない！
2種類の肛門括約筋の激しいせめぎ合い

直腸に便が溜まると神経が刺激され、そのシグナルは大脳にも伝わる。これが「便意」だ。そのときの状況に応じて、大脳から「便を出す」「我慢する」の指令が出るので、その指令に従って外肛門括約筋は緩んだり、もしくは排泄を一時的に止めたりする。

排便環境が整った瞬間、「ウンチ」は外界へ！
その場に居合わせた赤血球にも思わぬ末路が

トイレに入り排便ができる状況になると、腹筋によって腹圧がかかると同時に内肛門括約筋と外肛門括約筋が緩み、「ウンチ」が排泄される。この際、腸のぜん動運動が強くなり、排便反射が生じる。なお肛門に負担がかかりすぎると、裂肛（切れ痔）を引き起こすケースも。

素直な笑顔で周りを明るくする女子高校生

漆崎日《に》胡《こ》

17歳の高校生。子どもの頃に母を病気で亡くして以来、父と二人、団地のこぢんまりした部屋で暮らしている。いつも明るく前向きで、素直な性格。登校前に炊事をこなすなど、しっかりしていて頑張り屋。将来の夢は医者で、医学部への進学を目指して勉強を頑張っている。同じ高校の先輩である新に、片思い中。

3つのキーワードでキャラクター紹介

料理上手

二人の日々の食事を担当している日胡。喫煙や連日の飲酒など不摂生を重ねる茂の健康診断書はアウトだらけ。それを踏まえ、朝食のスクランブルエッグを豆腐スクランブルに変えるなど、ヘルシー料理へのアレンジもお手のもの。昼食には弁当を手作りして持たせたりと、食事面から父を支える。そんな日胡の気遣いもあり、茂の健康状態は徐々に改善される。

父親との関係

いわゆる“思春期真っ只中”の日胡だが、父の茂とは普段から会話もあり、親子関係はまずまず。少々だらしなく、健康に無頓着な茂を心配するあまり、口うるさくなってしまうことも。食事や弁当作りは二胡、洗い物は茂と、家事はそれぞれ分担している。思いがけない出来事から父の自分に対する想いを知って目を潤ませるなど、お互いがかけがえのない存在だと実感。

先輩との恋

渡り廊下で、憧れの彼・新がやってくるのをドキドキしながら待つ日胡の姿は、“恋する乙女”。先輩・後輩として何気ない会話を交わしながら、二人の距離はゆっくりと近づいていく。新もはずみで送信してしまった二胡のデートお誘いメールにすぐ応えてくれるなど、日胡に好意をもってくれているよう!? 水族館での初デートをいい雰囲気で楽しく過ごし、まさに青春そのもの!

心の奥底に娘への愛情を抱える不器用な父親

細胞たちがはたらく人間の世界

漆崎茂

日胡の父で、運送会社のトラック運転手。モッサリ髪に無精ヒゲを生やしており、“中年オヤジ”感満載。基本的に陽気で大雑把な性格だが、心優しく繊細な一面もあり、娘のことは本当に大切に思っている。タバコや酒、おつまみが好きで、健康への意識はかなり低め。

3つのキーワードでキャラクター紹介

酒

仕事終わりに、会社の人たちと飲むのが大好きな茂。周りから連日の飲酒をたしなめられてもお構いなしで、居酒屋へ。自宅に帰ってからも、ペットボトルの特大焼酎におつまみを用意して一人で晩酌するなど、アルコールの摂取が止まらない。そうした生活も災いし、血圧や血糖値、尿酸値、コレステロールの値が悪化。日胡から病院に行くよう言われるが、軽く聞き流す。

編み物

妻の祐子が日胡のためにと、入院先の病室で編んでいたマフラー。だが途中からは彼女の体力が尽き、編むことができなくなってしまった。茂は祐子から日胡へのプレゼントを完成させるんだと意気込み、自ら編み棒を持つ。不器用な茂が編んだところからは、編み目が粗くガタガタ。だが両親の気持ちが詰まったその不格好なマフラーを、日胡はずっと大切に使っている。

娘との関係

妻を亡くして以来、男手ひとつで日胡を育ててきた。日胡が成長した今は、朝起こしてもらったり、朝昼晩の食事を用意してもらったりと、生活面でしっかり者の娘に頼っている部分も多い。普段は遠慮せず、言いたいことをポンポン言い合っているが、その根底にはお互いへの深い愛情が流れている。出来の悪い自分とは違う、優秀な日胡のことをとても自慢に思っている。

笑顔とさりげない優しさで日胡を支える

武田新

キーワードでキャラクター紹介

日胡と同じ学校に通う高校 3 年生。笑顔が爽やかなイケメンで、日胡とは顔を合わせれば話をする間柄だった。日胡のアプローチがきっかけで、二人で水族館デートに行くことに。そこで彼女の芯の強さに触れて、心惹かれていく。日胡と付き合うことになり、日胡の父親の茂も認めている。

日胡との恋

お互いを「日胡」「新先輩」と呼び合う距離感で、後輩の日胡のことを何かと気にかけている様子。日胡からのデートのお誘いメールにすぐ応じるなど、好感触!?　デート当日は日胡の家まで迎えに来たり、インフルエンザに罹っていた日胡の体調を気遣ったりと、言動から優しい性格が窺える。日胡を大切に想っていて、彼女が不安を抱えているときはそっと寄り添い、支える。

佐藤健

スペシャル対談

前回の共演から約6年。赤血球役と白血球（好中球）役で再会を果たした二人は、ピタリと息の合った芝居で戦う細胞たちのストーリーを牽引した。久しぶりの対談で、現場を振り返る。

――原作を読んでの印象を聞かせてください。

永野　赤血球や白血球が体内でどんなはたらきをしているか、漫画で楽しみながら学べるのが新感覚でした。アニメも観たのですが、キャラクターが動いてセリフを話し、さまざまな出来事が映像で描かれていてよりわかりやすく、全話あっという間に観終わりました。この世界観を生身の人間がやったらどうなるのか、とても興味深かったです。

佐藤　僕は映画化のお話をいただいてから原作に触れたので、自分が演じることをイメージしながら読んだのですが、白血球というキャラクターがとてもチャーミングで、「この役は自分が絶対にやりたい！」と思いました。無表情に見えますが、実はちょっとした言動に感情がのぞいていたりする。気持ちを表現するのが不器用なところがかわいいし、赤血球との関係性もいいなと感じました。

――お二人は以前に共演していますが、赤血球役が永野さん、白血球（好中球）役が佐藤さんだと知ったときの心境は？

永野　健さんの真っ白な姿を見られるのは楽しみでした！『はたらく細胞』がどのような映画になるかまったく想像がつかなかったのですが、「健さんがいるから、大丈夫！」という安心感がありました。健さんはどうでした？

佐藤　そうですね……。嬉しいという気持ちです。

永野　もうちょっと何か言ってください（笑）。私だと知ったときの感想、嬉しい以外にもあるでしょう？

佐藤　常に「またご一緒したいな」と思っていたので、やっと一緒にできるなと、嬉しくて泣きました。

永野　ねぇ……（笑）。

佐藤　嬉しかったのは本当。永野さんはいい意味で一緒にいてラク

健さんのビジュアルのインパクトに初めて『泣けないかも……』と本気で焦りました（笑）（永野）

 《永野芽郁》ヘアメイク：石田絵里子　スタイリング：岡部美穂　衣装協力：MSGM ／アオイ（☎03-3239-0341）

《佐藤 健》ヘアメイク：toshiyasu oki（CONTINUE） スタイリング：吉田ケイスケ

ですし、癒やされるんです。今回、会ったのって何年ぶりだったんだろう？

永野　6年ぶりです。

佐藤　ウソでしょ!?

永野　どうして、ここで私がウソをつくんですか(笑)。

佐藤　そんなに時間が空いている気がしていなくて、2〜3年ぶりかと思ってたから。かなり月日が経っていることにびっくりです。

永野　この6年は、どこかですれ違うということもまったくありませんでしたよね。でも今回の本読みで久しぶりにお会いして、本当についさっきまで一緒にお芝居をしていたような感覚でやれたので、私は安心感しかないという状態で現場に入りました。

——お二人のクランクインは、鼻腔でのシーンだったそうですね。

永野　私は、真っ白な健さんを前に涙を流すという本当にハードルの高いシーンで、「どうしてこのシーンからなんだろう?」と思いました。もう少し前から健さんのあのビジュアルに慣れていれば、泣くのに苦戦しなかったと思うのですが……。

佐藤　前のドラマでは、1日3回くらい泣いたりしていたときもあったのにね。厳しかった？

永野　厳しかったです。当日は、私のほうが先にヘアメイクが終わり、健さんとはカメラ前で合流したんです。あのビジュアルのインパクトを受け止めきれない中、撮影が始まって涙を流さなければならず……。

佐藤　僕に顔を向けつつも目の焦点をズラしたりして、笑わないように頑張っていたよね？

永野　そうなんです。健さんが、想像していた以上に白くて……。私は今まで、涙を流すことにあまり苦労したことがなく、苦手意識もなかったのですが、初めて「泣けないかも……」と本気で焦りました。しかも健さんはいたって普通な様子なのがまた面白くて。

自分が“白い”という自覚がなく普段と同じテンションで演じていました(佐藤)

佐藤　僕自身に、自分が白いという自覚がないので、普段とまったく同じテンションだったんですよね。

永野　それが私のツボにはまってしまって。最終的には、健さんの瞳の奥だけを一生懸命に見つめて、お芝居をしました。

佐藤　さすがに瞳だけは、白くできなかったからね。

永野　はい（笑）。健さんにかぎらず、皆さんの個性的なビジュアルに慣れるのには時間がかかりました。

佐藤　僕としては、赤血球がいちばん面白かったですけどね。髪がちょっと跳ねているところとか、あの帽子とか。

永野　健さん、赤血球のビジュアルにジワジワ来ていましたよね。

佐藤　しかも永野さんは人を楽しませたいという気持ちの強いエンターテイナーなんです。撮影中、いろんな表情で僕を笑わせようとするので、それもまた面白くて……。

永野　そんなつもりはないですよ！

佐藤　（笑）。白血球（好中球）は普段の僕と近い部分があって、喜怒哀楽を出すタイプではなく。そこは共感できました。

永野　確かに、健さんはあまり感情を表に出さないですよね。

佐藤　時々は、出すこともあるけどね。ただ、あの白塗りメイクをし、衣装を着て白血球（好中球）になると、自然と立ち方や歩き方が変わるんです。

永野　そう言われてみると、歩き方が違っていました！　怒っているというか戦闘モードで、ズンズン歩いていましたね。

佐藤　そうかもしれない（笑）。我々の仕事は皆そうだと思いますが、演じる役が決まったら、日頃から役に近づこうとするので、意識の底には役のことがあり、その影響が表にも出るのかなと思います。

——役を演じていて楽しかったところは？　また、現場で大変なことはありましたか？

永野　私の演じる赤血球は、体のいろいろなところに酸素を運ぶ役割なのですが、酸素を届けるシー

ンがとても楽しみでした。行く場所がどのように形作られるかは現場に入るまでわからないですし、その世界に自分が入り込めるということにワクワクしました。そしてもうひとつ、白血球さんは赤血球をいつも守ってくれるので、健さんがどんな姿で赤血球を守ってくれるのかも、とても楽しみだったんです。

佐藤　僕は、〝人を救うヒーロー〟を観るのも演じるのも好き。白血球は体の主を守るために存在し、外敵と戦っている。そのマインドが、演じていてとても楽しかったです。

永野　白血球さんに守られるのは嬉しかったし、守ってくれる白血球さんの姿はとてもカッコよかったです。赤血球は、基本はちょっと天然なドジっ子ですが、白血球さんやほかの細胞たちのはたらきを見て、自分なりに一生懸命頑張って成長しようとする過程は、やっていて楽しかったですね。赤血球は人間ではなく細胞ですが、キャラクターとしてきちんと感情があるので、人間の役を演じると

きと向き合い方は何も変わりませんでした。

佐藤　僕的には、アクションがひとつのポイントではありました。アクションは、実写であることでよりディテールが描けると考えているので、そういう意味でもアクションをきちんとやることで、『はたらく細胞』を実写化する意義が見出せるかなと思っていました。赤血球は役柄的に、我々の戦いに身体的、感情的に翻弄される役割だったから、そのあたりは逆に大変だったと思います。

永野　あれだけのハードなアクションをされていた健さんを前に、「大変だった」とは言いづらいですが……（笑）。

佐藤　白血球（好中球）が、赤血球を守るためにあえて突き飛ばすというシーンがあったのですが、突き飛ばす力加減が難しくて。相手が永野さんでなかったら、あの勢いは出せなかった。信頼関係があるからこそ、思いきりやれたと思っています。大丈夫だった？

永野　はい、大丈夫でした！　あのシーン、健さんはずっと気に

かけてくださっていましたよね。私は皆さんのアクションの最中、ちょこちょこと動いていることが多いので、アクションのテンポ感を崩さないようにしなければいけないという緊張感がありました。健さんとアクション部の皆さんが作り上げている空間に入っているので、私の動きで流れを乱してはいけないなと。

——共演シーンで印象に残っているところは？

佐藤　もちろん全部（笑）。だから、どこをチョイスするかですね……。

永野　私は、二人でセリフを交わすクライマックスのシーンです。撮影当日は、現場全体に独特のピリッとした空気が流れていましたし、その後の展開を思うと本当に悲しくて、涙が止まりませんでした。それくらい気持ちが入っていたんだと思います。鼻腔のシーンとは打って変わって、大号泣でした（笑）。監督から「二人は本当にいいペア感があるね」と言っていただけたのも、嬉しかったです。

佐藤　僕のクランクアップはカサブタを作るシーンだったのですが、そこですね。血栓をボールで表現していて、血球たちがボールプールに飛び込んでいくところ。僕、子どもの頃から、全遊びの中でボールプールがいちばん好きで……。

永野　全遊びの中で？　今も？

佐藤　うん、今も。ボールプールが大好き。

永野　その嬉しさが、まったく表に出ていなかったですけど（笑）。

佐藤　僕、ボールプールから全然出なかったでしょ？　ずっと中にいたはず。

永野　そうかも、一回も出なかったですね！　あれ、嬉しかったんですね。楽しかったから出なかったんだ（笑）。今、知りました。

——今回の撮影現場での、こぼれ話というと……？

永野　健さんの飲み物が、6年前

私の動きでアクションのテンポ感を崩さないか緊張感がありました（永野）

と変わっていませんでした！

佐藤　そうだっけ？（笑）

永野　はい。前と同じ飲み物でした。それと、現場では二人でよく笑っていた記憶があります。

佐藤　僕が白すぎたから？

永野　それもありましたけど（笑）、待ち時間に何かで二人とも笑いのツボにハマってしまって、私は涙が止まらなくなるぐらい笑い泣きしたことがあったと思います。

佐藤　確かに、そうだったかも。僕がひとつ覚えているのは、二人共通の趣味で音楽が好きという話になって、僕が永野さんに「どんな曲を聴いているの？」と尋ねたら、彼女が「こういう曲を聴いています」と横ノリでリズムを取り始めて。

永野　そうだ。私の動きを見て、健さんがめっちゃ笑っていましたね。

佐藤　リズムに乗るときって、日本人のほとんどは縦ノリだと僕は思っていたんです。ところが永野さんが息をするように自然に横ノリだったので、思いきり意表を突かれて笑っちゃいました。あれが今回、いちばん笑った出来事じゃないかな。

永野　私、健さんにそう言われるまで、自分が横ノリなことにも気づいていなかったんです。たぶんこれまでライブを観に行ったときも、ひたすら横ノリしていたと思います。

佐藤　横ノリって本格派のノリ方というか、どうしてこんなに自然にできるんだろうと不思議でした。

永野　逆に、健さんもそこによく気づきましたね！

——完成作を観ての感想を教えてください。

永野　撮影映像とCGが組み合わさったことで、現場で監督から聞いていた説明と繋がり、全てが私の想像を超えていて面白かったです。人間の体の状況が変わると、体内の細胞たちがどういう動きをするのか、とてもわかりやすく描かれているなと思いました。そして人間界の

赤血球を突き飛ばす場面は互いに信頼があるからこそやりきれたと思います（佐藤）

ドラマと細胞たちの戦いの場面は、もう泣いて泣いて！　実は人間界の撮影現場にも一度見学に行かせていただいたのですが、どんな映像になっているのか、台本以上のことは知らなくて。ですから完成作を見たとき、新しい『はたらく細胞』の物語を見たような感覚で、本当に感動しました。

佐藤　迫力溢れるCGが、アクションシーンを助けてくれているなと感謝です。また人間界では日胡とお父さんの関係性、そして演じるお二人の魅力も満載で、日胡ちゃんの体を守るために頑張っていた身としては、とても報われた気持ちになりました。

――『はたらく細胞』を通じ、自分の体への意識は変わりましたか？

佐藤　やっぱり、体内に永野芽郁がいてほしいじゃないですか(笑)。だから健康でいようと思いました！

永野　私も、ちょっと体調を崩したりしたときに、「あ、健さんが戦っているな」、「私の体の細胞たちが頑張ってくれているな」と思うようになりました。生活が大きく変わったわけではないですが、意識の変化は感じています。

佐藤　映画『はたらく細胞』は笑って泣けるエンターテイメントで、観終わった後には、思っていた以上の感動を味わったり、自分の体のことについて考えさせられたりする。そんな作品になったと、自信を持って言えます。身構えず、作品を楽しんでいただけたらと思います。

永野　出演者の皆さんが本当に豪華で、それも見どころのひとつだと思います。本当に細かいところまでこだわって作られた作品なので、観る度に違う発見があります。一回観ると、きっともう一回観たくなるはず！　何度でも楽しんでもらえたら嬉しいです。

迫力溢れるCGがアクションを助けてくれた（佐藤）

出演者の方々が豪華なのも見どころのひとつ！（永野）

キャストたちの素の表情がのぞく
『はたらく細胞』の撮影現場

舞台裏レポート

さまざまなロケ地やセットで
行われた今回の撮影。
キャストたちの様子を写真と共にお届け！

あどけない血小板たちにほっこり

笑顔いっぱいのロケ

キュートな子どもたちの存在は、ロケ現場での貴重な癒やし！ ニコニコ笑顔で撮影を頑張る彼女らを、主演の二人が優しく見守る様子をキャッチ。

無邪気な血小板たちにみ〜んなメロメロ♡

赤血球と白血球（好中球）、そしてたくさんの血小板たちが登場、活躍するシーンの撮影。血小板たちの愛らしい立ち居振る舞いに、キャストやスタッフの顔が思わずほころんでしまう場面がたくさん！　撮影の合間には、血小板役の子どもたちが永野や佐藤の周りに自然と集まっておしゃべりをしたり、じゃれあったりと大はしゃぎ。そんな子どもたちと楽しそうに触れ合う永野と佐藤の姿は、子どもたちにとってまさに“いいお姉ちゃん&お兄ちゃん”のよう。心温まる光景が広がっていた。

撮影の合間は、小さな子どもたちとの他愛ないおしゃべりでホッとひと息

休憩時間になると、周りに集まってくる子どもたち。二人とも超人気者！

みんなで一緒に、最後まで撮影頑張ろうね！

体当たりで挑んだ
アクションシーン

今作の見どころのひとつが、キャラクターたちによる激しいアクションシーンだ。迫力溢れる映像を目指すキャスト陣のストイックな奮闘が、現場に熱気をもたらしていた。

観る者の想像を超える息もつかせぬアクション

白血球（好中球）役の佐藤には、体内を縦横無尽に駆け巡る、重力を感じさせないアクションが求められた。アクション監督の大内貴仁氏も認める運動能力の高さを活かし、驚くほどのスピードとキレでセット内を躍動。スタッフと相談しながら、理想の画を追い求める。キラーＴ細胞役の山本、ＮＫ細胞役の仲らも演じるキャラクターらしい戦い方を模索。敵役スタントとしっかり動きの確認を重ねたうえで、撮影に臨んだ。

まるで重力ゼロの動きが、白血球の真骨頂！

キャラクターの個性を踏まえたアクションで印象を残す

キャストとスタッフ総力戦で作り上げるド迫力の戦闘シーン

懸命にはたらく
赤血球の姿

立派な赤血球になることを目標に、酸素を運ぶ仕事に懸命に取り組むAE3803。方向オンチでちょっとトロいところもあるけれど、少しずつ成長していく過程を永野が丁寧に演じた。

不器用だけど頑張り屋の赤血球役がピッタリ!

赤血球 AE3803 役を演じる永野の芝居に懸ける真剣な姿は、演じるキャラクターとも重なる。“ 細胞を演じる ” というこの作品ならではの難しさに戸惑う部分もあったはずだが、その課題を自分なりに咀嚼し熱演。くるくると変わるピュアな表情が魅力的で引き込まれる。連日のハードな撮影にも疲れを見せることなく、朗らかな笑顔と明るい声で現場を盛り立てていた。

監督と念入りに打ち合わせしながら感情移入

どんなに大変な状況になっても絶対に諦めない強さが胸に響く

守る者と破壊する者

その他の細胞&細菌たち

人間の体内で活動するたくさんの細胞や細菌を演じた多数のキャスト。“生身の役者が演じるリアル”にこだわる武内英樹監督、彼の熱意を汲んだ俳優たちによる熱演が続いた。

俳優たちの高い熱量が監督のこだわりと呼応

撮影のために集められたエキストラは、約7500名と膨大な数に上る。そのかいあって、無数の細胞たちが行き交う圧巻のシーンが仕上がった。キャラ立ちした細胞やアクの強い細菌などを演じる俳優陣も、自分に託された役割をどんな演技で見せていくか、それぞれに試行錯誤を繰り返す。

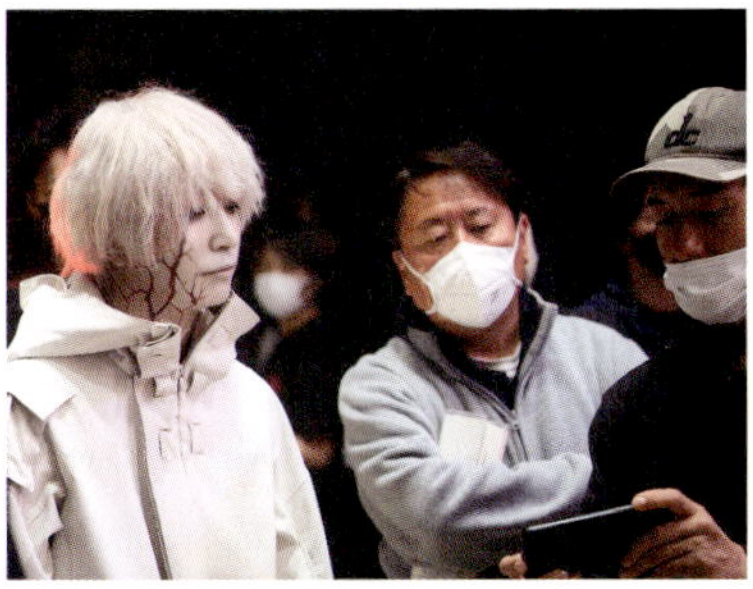

不器用だが娘想いの父と、しっかり者で父想いの娘というハートフルなコンビ

コミカルなシーンからシリアスなトーンが続く終盤まで、2人の緩急は自在！

細胞たちが息づく

人間たちの様子

細胞たちのはたらきと大いに関わっているのが、体の主である人間だ。芦田、阿部、加藤は芝居の息もピッタリ。漆崎家でのシーンや学校のシーンで、抜群のチームワークを見せた。

息の合った芝居で人間界の物語を構築

漆崎家の父娘と、娘が想いを寄せる先輩。3人を中心に描かれる物語はシンプルなだけに、演じる俳優たちの力が問われるところだ。「本番！」の声がかかれば、3人が緩急をつけたセリフのやりとりを繰り広げ、テンポよくストーリーを作り上げていく。大切な人を想う真っ直ぐな気持ちが胸を打つドラマは、高い演技力を誇る俳優たちによって積み上げられていった。

身体を正常に保つための戦いは
ココで繰り広げられている!!

細胞たちが住む世界
〈セット紹介〉

体内で生きる細胞たちの活動場所はさまざま。
細かく見るほどに楽しめる
こだわりのセットをチェック!

たくさんの赤血球たちが行き来する血管の通路。どこに繋がっているかも示されている。

赤血球たちや白血球たちが一生懸命はたらく

血管STREET

大きく分けて動脈、静脈、毛細血管の３種類があり、酸素や栄養分を体の隅々に届け、二酸化炭素などの老廃物を取り除く。セットでは、さまざまな栄養のショップも見える。

人間界の、道路の方面や方向を示す案内標識とそっくり！こちらは、赤色骨髄へ向かうための道を示している看板。

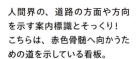

駅の改札のようなゲートがある

静脈弁のあたり

老廃物を多く含む血液を心臓に戻す静脈には、血液の逆流を防ぐため、血流を心臓行きの一方通行にする静脈弁がある。人間界の改札ゲートと同じように、逆走は許されない。

白血球が黄色ブドウ球菌たちと戦い、赤血球を救ったのがこのあたり。赤血球 AE3803 が白血球(好中球) と再会したのもココ。

ストレスに晒されると
赤血球たちが押し寄せる

大動脈のあたり

大動脈とは、心臓から全身に血液を送り出す、人体の中で最も太い血管。セットも広大な公園のようで、たくさんの赤血球や白血球、マクロファージなどが行き交っている。

たんぱく質を構成しているアミノ酸は 20 種類。そのうち体内で合成できるアミノ酸が「非必須アミノ酸」で、体内のショップにもその種類が掲示されている。

血球たちが生まれ成長する

赤色骨髄

血球たちの生まれ故郷であり、神聖な場所。造血幹細胞たちによって生成された赤芽球は、マクロファージに面倒を見てもらう。赤芽球は成熟して脱核するまでここで過ごす。

緑豊かな中庭には、大きな黒板が設置されている。赤芽球はマクロファージ先生から将来の仕事などについての授業を受ける。

骨髄芽球が外敵と戦うためのトレーニングを行う体育館。今は大活躍する白血球（好中球）も、かつてはここで練習していた？

赤色骨髄の中でも重要な場所である教会。天井が高く光が差し込み、明るくも厳かな雰囲気。赤芽球の脱核式などが行われる。

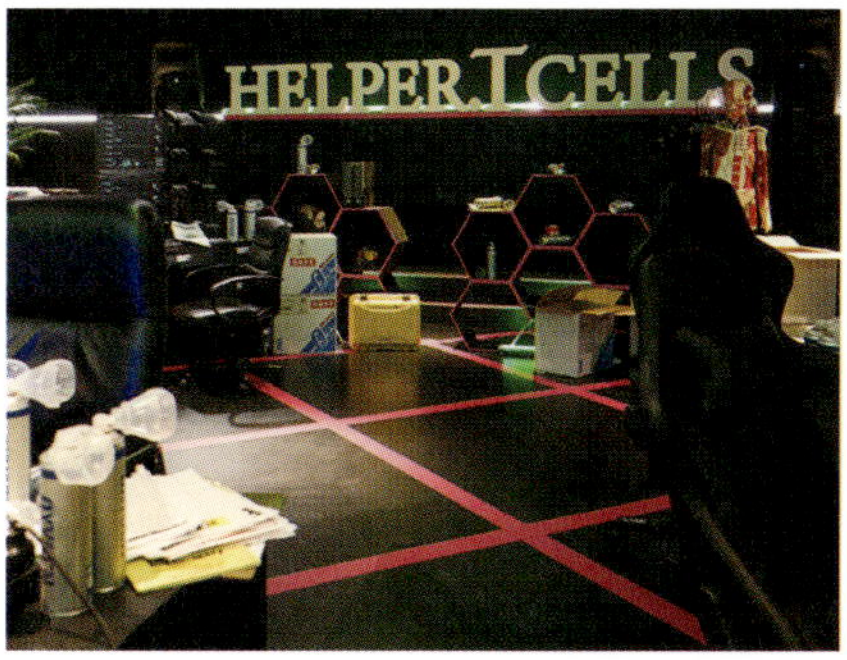

細胞たちの司令塔

ヘルパーT細胞の部屋

いくつものモニターが設置された、司令室のようなつくり。外敵侵入の知らせを受け取ると情報を解析し、対策を決めてキラーＴ細胞に出動命令を出す、現場バックアップの要所。

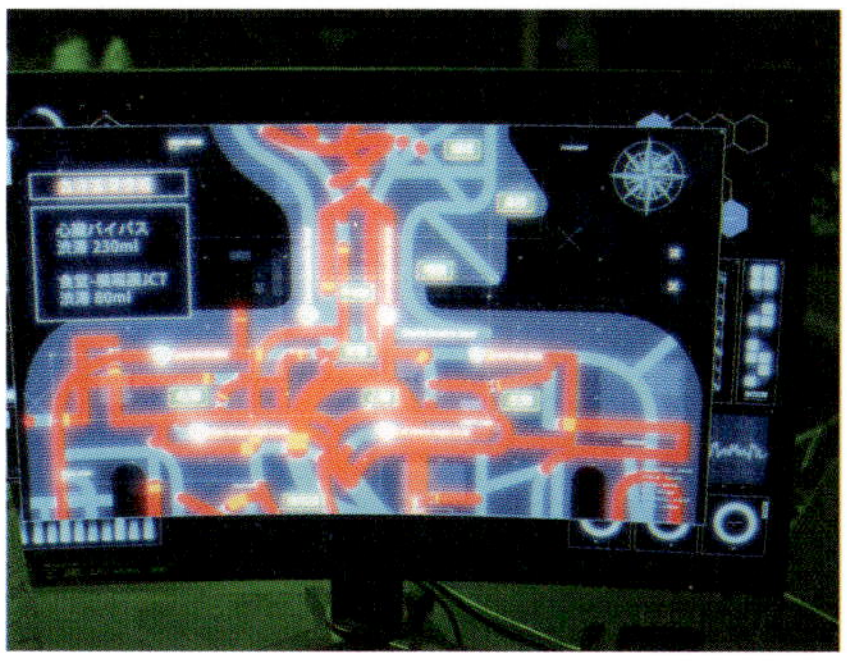

体中のさまざまな場所を映し出しているモニター。異常がないかをチェックし、体内の安全を守ることに一役買っている。

飲み物も充実!?

気管支

気管の下端から左右に分かれ、両肺に通じる細い管。ドリンクコーナーがあり、気管支で捕らえられた細菌が体外に排出されるまでを、飲み物を飲みつつ見守ることができる。

訪れた細胞たちが適宜、水分補給できるよう備えられたドリンクコーナー。人気ドリンクなのか、「菌汁」の提供も始まったよう。

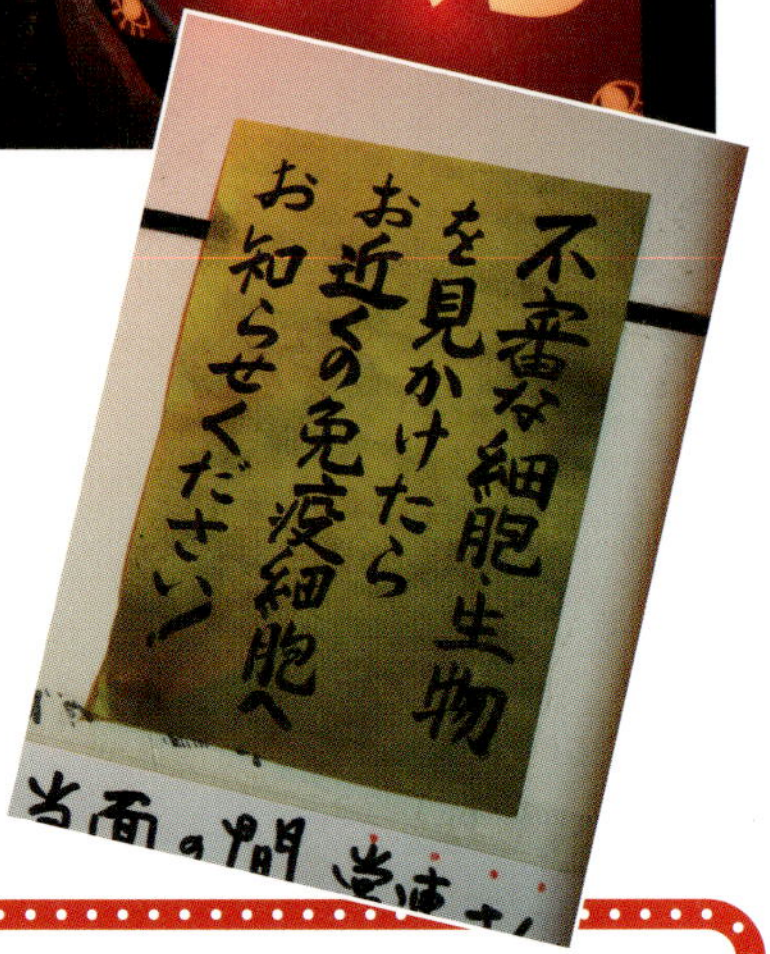

ドキッとするダジャレの看板が立ち並ぶ

細胞たちが住む飲屋街

ある体の中に広がる飲み屋街。“純喫茶”や“倶楽部”などの言葉に昭和感が漂い、全体的に古ぼけた雰囲気。店名も体にちなんだものがいろいろで、心当たりのあるワードにドキリ!?

細い路地にひしめくように店が並び、軒先には赤提灯が灯る。仕事帰りの細胞たちの疲れを癒やす、日々のオアシス的な場所。

いたるところに点在する

こだわりの逸品

さりげなく映り込んでいる小道具にも、美術スタッフの並々ならぬこだわりが垣間見える。遊び心がたっぷり詰まったアイテムを見つけるのも、この映画の楽しみのひとつ！

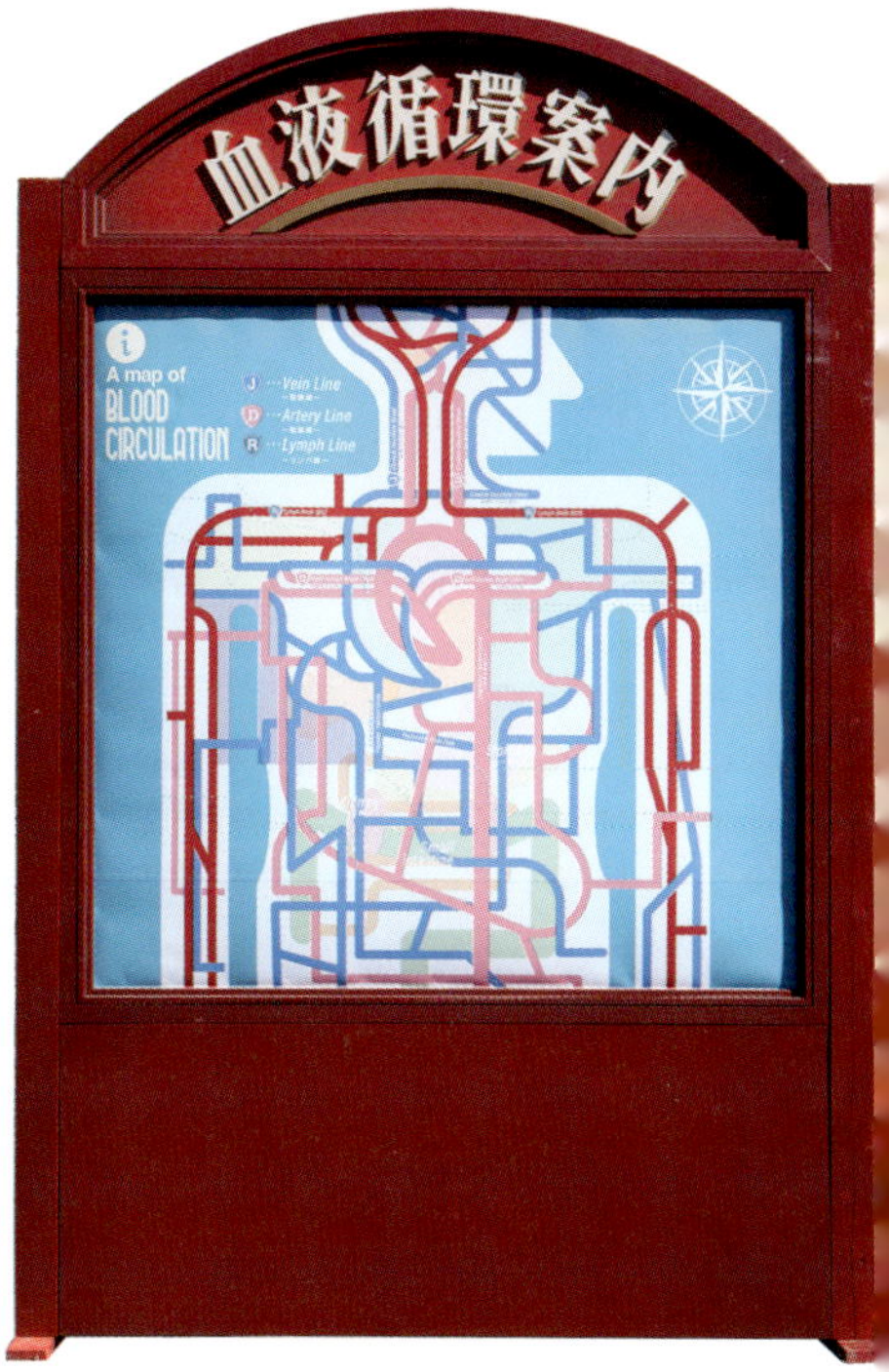

大きな案内板で図解されているのは、血液の循環。動脈と静脈など、色分けもされている。

人間界では「清掃中」「作業中」などが多いパネルだが、血小板が愛用しているのは「血栓中」。

洞窟の中にある足湯で傷を癒やす細胞たち。「鼻腔すぱ」では、オリジナルジョッキでドリンクを楽しめる。

人間界で動物の飛び出しなどが懸念される道路に掲げられる「動物注意」の標識。細胞界で注意すべきは菌。

外敵と戦うため、衣服が汚れがちな好中球には、専用のランドリーが。キレイになって気分一新！

生きていくために必要な消化、吸収、代謝など化学反応を促進する酵素。非常用の蓄えもバッチリ。

赤芽球がお勉強用に使う「さんそうんぱんちず」。どこに何があるか、これでしっかりと学習。

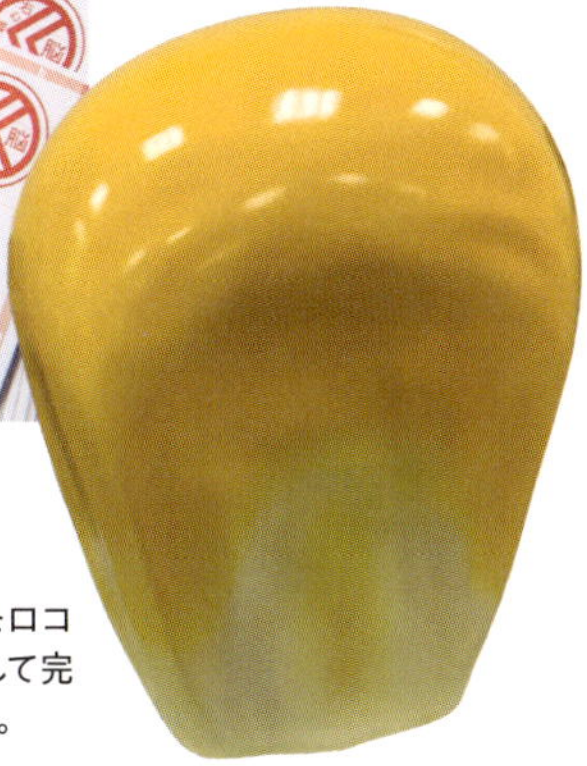

肛門シーンで登場するトウモロコシ。実はこれ、何度も修整して完成した1粒ウン十万円の代物。

ドリンクバーにひっそり置かれていた「菌汁」。細胞たちにはおなじみのようだけど、どんな味!?

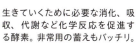

製作陣が語る 裏話①

監督 武内英樹

僕は『はたらく細胞』映画化のお話をいただいてから原作に触れたのですが、率直に「すごく面白そうだ」と思いました。体内の細胞を擬人化して表現するというのが新鮮でしたし、物語を追っていると体の仕組みが自然と頭に入ってくる。これは非常に役に立つ映画になるなと興味をそそられたのです。ただ同時に、「大変なことになるぞ」とも思いました。アクションが入るし、ロケ地の問題も出てくる。体内の細胞は約37兆個なので、エキストラの数もすごいことになるな……と。

脚本を練るにあたり、徳永（友一）君と二人、原作を読み込んでどの部分を抽出すれば面白くなるのかを話し合いました。これまでに『のだめ（カンタービレ）』や『テルマエ（・ロマエ）』など原作がある作品の映像化を手掛けてきましたが、まずは原作ファンを裏切らないことが大切。原作のイメージをきちんと踏襲することを常に意識しています。今回は原作のエピソードを前半に置き、観客を作品の世界観に誘《いざな》って安心してもらってから、映画オリジナルの世界を楽しんでもらうという流れにしました。オリジナルの展開を考えるにあたっては友人の医師にも同席してもらい、どういう話の流れにすれば映画的に盛り上がり、かつ医学的にも整合性が取れるかアドバイスしてもらいました。

前半がくしゃみやすり傷といった、わりとかわいらしい世界観なので、クライマックスには突然変異した異常な細胞を登場させ、細胞たちの激しい戦闘シーンを描けば、大きなギャップが生まれて面白いのではと考えました。また、肛門のシーンもオリジナルで、これは講談社さんとの話し合いを通じて生まれました。はじめ、僕たちは別の生理現象を描きたいと相談したのですが、それにはＯＫがいただけず……。お互いに譲らない話し合いが続き、担当編集さんから代案として「ウンチはどうですか？」と目からウロコが落ちるご提案があったのです。「確かに、それは面白そうだ!!」と納得。スッキリして、皆で固い握手を交わしました（笑）。

主演の永野芽郁さんに関しては、佇まいがピュアかつファンタジー感のある方で、『はたらく細胞』の世界観にしっくり馴染むなと感じました。赤血球のコスチュ

uchi

『はたらく細胞』の映像化はとても大変なことになるぞと覚悟した

監督 武内英樹

ームがとても似合っていて、生身の人間っぽさが出ない。それはこの作品において、非常に大事なポイントだったと思います。本作は赤血球の成長物語でもありますが、成長していく過程を表す芝居がとてもよく計算されていて、素晴らしかったです。赤血球のような〝普通〟のキャラクターを演じるのはいちばん難しいと思うのですが、本当によくやってくれたと感謝しています。

　佐藤健さんは、「こんなにカッコいい俳優を、あんなに白塗りにしてしまっていいのだろうか」と思いました。「佐藤健の無駄遣いをしているのではないか」と罪悪感が拭えず、衣装合わせやメイクテストではずっとドキドキ。でも白血球（好中球）としての姿を見て、「カッコいい俳優は、白塗りにしてもカッコいいんだな」と感心しました。彼の場合はまず、佇まいや仕草がカッコいいですからね。本人も白血球役を非常に気に入ってくれていて、「白塗りがクセになる」と言っていました（笑）。キャラクターの表現の面でも、前半のかわいらしさや不器用さ、後半での「この体を守る」という情熱、ガラリと異なる姿をよく表現していたなと思います。アクションはもちろん素晴らしいですが、ふとした表情も非常にいい。今までの佐藤さんにはない一面が出たのではないでしょうか。

　二人のクランクインは、鼻腔のシーンでした。物語的には二人の心情が動き出すという重要なシーンで、これが初日というのは大変だったはずです。撮影初日というと導入的な場面から入ることが多いのですが、さまざまな事情でこのシーンから撮らなくてはいけないという状況でした。僕も二人に対して「細胞の気持ちになってください！」と言っていたものの、内心「かなりのムチャブリだな」と思っていました（笑）。しかも永野さんは初日で泣く芝居をしなければならず、その相手は白塗りの佐藤さん（笑）。相当やりづらかったと思うのですが、しっかり演じてくださり、とてもいいシーンになったと思います。

　阿部（サダヲ）さんと（芦田）愛菜ちゃんのテンポのよい掛け合いはさすがでした。共演経験が活きていて、二人が本当の親子のように見えましたし、阿部さんのフリップを使ったお芝居には、僕やスタッフ、医療監修の先生までボロボロ泣かされました。

　『はたらく細胞』では、さまざまなシーンでCGが活躍しています。たとえば赤血球が大勢いるシーン、毎日600人ぐらいのエキストラを呼んでいたのですが、それでも埋まらなかった空間はCGで描き足して人を増やしました。ただ、CGで人を増やしすぎると動きが不自然でCGっぽさが目

Hideki Take

「未知のものができる」という確信があったから、しんどくても踏ん張れた

についてしまうので、あくまでもエキストラが主体、その補足としてCGで数を加えるようにしました。肺炎球菌や化膿レンサ球菌など、細菌たちのCGはとくに難しかったです。現場では触手などがついていないコスチュームでの撮影なので、CGでどんなデザイン、動きを加えれば怖さが出るのか頭を悩ませました。黄色ブドウ球菌もあのドレスだけでは不気味さがわかりづらいということで、ぶどうのような粒を明滅させることに。細菌たちのCGは一体一体、一コマ一コマ追いかけて作業しなければならないので、非常に手間がかかるのです。

　肛門のシーンもフルCG、すべてブルーバックでの撮影です。振り返ると、今回の撮影でいちばん大変でした。あの長さのシーンを撮ろうとすると通常は3日ほどかかるのですが、またしてもいろいろな事情から1日で撮り切らなければならないという超過酷なスケジュール。限られた時間で撮るためにも、プロデューサーからはシーンを削るよう言われるのですが、僕としては絶対に面白いから少しも削りたくない。「何としても1日で撮り切る！」と執念を燃やし、キャストとスタッフに頑張ってもらって、早朝から晩までみんなフル稼働。結果的には、撮りたかったカットをすべて終えることができました。キャストはずっと高いテンションで大声を張り上げ続けるので、疲労度も半端なかったと思います。撮り終えたときにはウンチのエキストラも、肛門のラガーマンも力士も、みんなグッタリしていましたし、スタッフも疲れ果ててヘロヘロ、産卵後のシャケみたいに転がっていました（笑）。そんなふうに全員が精神と体力の限界を越えて作り上げた映像と、腸壁のヌメヌメ感など細部までこだわったCGが融合し、僕としても納得のいくシーンができました。

　ほかに原作と映画の大きな違いというと、原作は体内の話のみで進んでいきますが、映画は体内での出来事と並行して人間の世界も描くという二重構造にしました。人間が病気などで苦しんでいる瞬間、細胞たちは必死で戦っているといった体外と体内のカットバックは、作っている側としても非常に新鮮でしたし、繋がりがわかりやすく提示できた、映像だからこそできる見せ方だったと思います。

　コメディ作品を作っていると、「こうすると面白いだろうな」というアイデアが浮かんでくる瞬間があります。たとえば神経細胞役のDJ KOOさんの出演は諸々の打ち合わせが済んだ後に思いつき、「このシーンに出てもらったら、絶対に面白くなる！」と言い通して周りを説得、実現させました。

eki Takeuchi

監督 武内英樹

また司令室でヘルパーT細胞が踊り出すシーンも、現場での発案です。司令室での撮影がスムーズに進んで時間に余裕ができたので、染谷（将太）君に「アドレナリンが出て体内が盛り上がるんだけど……、踊ってくれる？」とムチャブリ（笑）。踊っている姿を挿入することで、ヘルパーT細胞に真面目なだけでなくお茶目な部分があることも伝わり、魅力的に映るなと考えたのです。染谷君も楽しんでやってくれましたし、体全体でのお祭り感、そこからすり傷による爆発という流れに勢いが出てよかったと思います。僕の現場ではそんなふうに「監督が突然思いついて、急な発注がくる」というのをスタッフがわかってくれているという土壌があります。コメディにおいては、これが非常に大事だと僕は思っていて。ガチガチに決め込んで作っても予定調和で、観客は先が読めてしまって面白くない。僕の思いつきに巻き込まれるスタッフは迷惑でしょうが、現場で浮かんだ「やれば絶対に面白くなる」アイデアは作品にドライブ感をもたらしてくれますから、できるだけ実現したいのです。面白くなるとわかっていてやらないのは、後悔が残ります。

　撮影したいシーンはほかにもたくさんありましたが、いろいろな事情で削らなければならなかったのが、精神的にいちばんキツかったですね。それでも踏ん張って頑張ることができたのは、「未知のものができる」という予感があったから。完成したら国内だけでなく、海外でも喜んでもらえる画期的な作品になる、その自信がありました。ここまで全世界、すべての人に通じる内容の日本映画はなかなかないでしょう。きっと世界中の人に理解し、共感してもらえるはずという楽しみを胸に頑張れました。完成作を観て、改めて「十分やり切った！」という想いが湧きましたし、荒れ果てた地に草花が蘇り、赤色骨髄の城が再び美しく色づいていく映像が、現場でボロボロになりながら作品を作り上げた自分たちの姿と重なり、とても崇高な気持ちになったのです。

　この映画が、自分の体や細胞について考えるきっかけになれば嬉しいです。作品を観てくださった皆さんからどんな声が聞けるか、今からワクワクしています。この映画を観て、医師や看護師を目指す子どもたちが出てくるかもしれないと思うと、それも楽しみ！　こんなふうに観た人に夢を繋げるのは、映画監督という仕事の醍醐味の一つだと思います。

脚本家 徳永友一

『はたらく細胞』を初めて知ったのはテレビの情報番組です。アニメを紹介していて、「いつか映画になるんだろうな。そのときは脚本書きたいな」と思っていたら、1ヵ月も経たないうちに武内監督から「『はたらく細胞』の企画が来ているんだけど興味ある？」と連絡がきてびっくり！「めちゃくちゃあります！　僕的にはすごくタイムリーで……」とお話ししました。原作を読みましたが、細胞や細菌の擬人化というのが斬新で面白い。それに勉強にもなるから、アカデミックな映画になりそうだなと思いました。

ただ、これらのエピソードを2時間の尺に収めるとなると、一本の物語として通すための軸が必要だと感じました。原作では敢えて人間界を描いていません。それは「誰の体にも起こり得ることを描いているから」だと重々承知していますが、映画化にあたっては人間の世界という軸を作り、そこに沿って体内のエピソードを入れる形にしたほうが見やすいだろうと考えました。武内監督も同意してくださり、原作者の先生と講談社さんにご説明、OKをいただいてから脚本に着手しました。

監督と医師の方と3人で、どんなエピソードを入れればよいか案を練りました。原作は体内での赤血球と白血球を中心とした話がメインですから、そこは粒立てなくてはならない。そのぶん、人間界の話は簡潔でわかりやすい親子の絆の物語にしようと、構成はわりとスムーズに決まりました。そこからは正直、予算との戦い（笑）。というのも、映像作品はト書き次第でお金が動きます。たとえば僕が「赤血球がわらわらいる」と書けば、エキストラが数百人必要で、衣装が何百着必要といった話になってくる。ただ予算を考慮して描くとスケールが小さくなってしまい、作品の面白みが失われる危険性もある。脚本家としては、そこがいちばんの葛藤でした。泣く泣く諦めた部分もありますが、スリム化したことで結果的にはいい形に収まったように思います。

オリジナル脚本はイチから自分で作っていく作業でクリエイティブ色が強い一方、原作がある作品を脚本化する場合は職人的な技術を求められるという感覚です。原作を読んでいると、「オープニングはこのシーンがいいな」「こことここは繋げられるな」など、どう構成するとよいかが見えてきます。たとえば宮殿のような赤色骨髄は原作だと中盤に登場するのですが、僕は「血球についての説明も入っているし、ここをファーストシーンにするのがいいな」と考えました。こうした作業にはテクニックが必要ですが、僕は原作ものの脚本化に携わることも多く、その経験が今回はとても活きたと

脚本を読んだ武内監督に「面白い！」と言ってもらえれば、間違いないと思っています

脚本家 徳永友一

思っています。

脚本を書く際にはもちろん僕なりに画をイメージしていますが、武内監督は僕の想像を超えるシーンを作ってくださるので、すごいなといつも思います。監督とは毎回、脚本打ち合わせの段階でがっつり話し合います。監督は細部まで非常にこだわるのでいろいろ質問をされますし、そこでお互いの考えを確認し、イメージを共有できるのが大きいです。脚本を読んだ監督が「画が見えない」というのであれば、見えるように書き直そうという気持ちになります。まずは監督に笑ってもらい、泣いてもらって「面白かったよ！」と言われるのがいちばん嬉しい。監督が「面白い！」と言ってくれれば、間違いないですから。

執筆する時点でキャストはだいたい決まっていたので、「この役をあの俳優さんが演じるなら、こういうセリフ回しがいいな」など、演じる俳優さんをイメージしながら書き進めていきました。ありがたいことに原作のキャラクターが立っていたので、よりデフォルメするかたちで、セリフに肉付けをして。とくに筆が乗ったのは、人間界でのフリップを使ったクライマックスシーンです。人間界でのドラマ、そして体内の世界の大逆転というのはプロットの時点でイメージがわりと湧いていて書きたかったところですし、初稿からほとんど手を加えず、大事にしていました。それから、赤血球と白血球のラストシーン。小さな頃の出会いに始まり、お互いの存在を認識。約束を守るために走り続けるのだけど……。その流れはグッとくるところなので、何度もブラッシュアップしました。

武内監督との仕事では、劇中に流れる歌の歌詞を書いたりもしています。今回も、肛門のシーンで僕が作詞した歌がひっそり流れているので、ぜひ聞いてもらいたいですね！　Face 2 fAKEさんに曲を書いてもらい、僕が音に合わせて文字数を揃えるという作詞家のようなことをやっています（笑）。現場にこういった遊び心があるのも、スタッフ間の信頼度が高い〝武内組〟だからできることだと、僕は思っています。

全編映像はラッシュのときから確認していて、まだCGや音楽がついていない時点でも「これはイケる！」と確信。非常に緻密に作られていて、クオリティが高い。人間界と体内というまったく異なる2つの世界がマッチするのか心配でしたが、いいコントラストで共存していて見やすい構成になっていました。世界的に見ても、唯一無二の作品になったと思います。まさか赤血球や白血球のセリフを書く日が来るとは思いませんでしたが（笑）、本当に貴重な機会をいただき、感謝しています。

Yuichi Toku

アクション監督 大内貴仁

今回のお仕事は、（佐藤）健君がありがたいことに僕の名前を出してくれたことからご依頼をいただきました。僕は原作を読む際、必ず2回読むようにしていて、1回目はいち読者としてキャラクターやストーリーを把握して、2回目はアクション監督としての目線でキャラクターの動きやバトルシーンを具体的にイメージしながら読むようにしています。今回、とくに印象的だったのが、アクションの描写が激しめでリアリティもあった点です。これを映像でどう表現するかが、はじめに考えたところでした。

　武内監督から「キャラクターたちを魅力的に見せたいので、カッコいいアクションにしてください」と言われたので、一度アクションを作ってそれを見てもらい、細かい部分を話し合うことにしました。まずはV（ビデオ）コンテを作成。シーンごとに、僕が思い描くキャラクターのアクションイメージをスタントマンにやってもらい、その動きを映像で撮影。これがたたき台となります。近年、アクション部では単に見た目がカッコいいアクションを提案するだけではなく、原作や台本を丁寧に読み込み、キャラクターに準じたアクションを意識して作るようになってきています。Vコンテがある程度まとまったら、監督に見てもらい方向性を確認し、ブラッシュアップしていきました。

　アクションがあるキャストには〝役者トレーニング〟の時間が設けられ、そこでVコンテを見せて、僕らが考えるアクションと、キャストが考えるキャラクターイメージの方向性をすり合わせていきます。役に向き合っているキャストの言葉を糸口に、より具体的な動きを出すことができます。たとえば健君は、「このシーンは感情的に突き進んでいるので、アクションもその心情に沿った感じにできますか？」など、そのシーンでのキャラクターの想いを語ってくれるので、非常にやりやすい。初めてご一緒した山本（耕史）さんや仲（里依紗）さんも素晴らしい人柄で、多くの経験を重ねておられますが「アクションは大内さんにお任せします」と委ねてくださいました。キャラクターイメージについてもいろいろとご提案いただき、話し合って詰めていくことができました。

　僕のVコンテの作業には、ロケハンも欠かせません。役者トレーニングはスタジオで行うので、ロケ地が決まっている場合は僕らもロケハンに行き、現場のあらゆるところを計測、3Dカメラで撮影をし、スタジオにできるだけロケ地に近いセットを作って、そこでレッスンをします。というのも、ロケ地での撮影時間は非常に限られているため、キャストには事前

アクションは作品のスパイス 短いシーンでも観客に印象を残したい

アクション監督 大内貴仁

に立ち位置や動きを全部頭に入れてもらい、本番は動くだけという状況にしなければ、撮影を終えられないのです。

僕らにとってとくに大変なのが、モブシーン。メインキャストが前にいて、後ろにモブがいるという場合、両方のアクションがうまくいき、さらにカメラワークもバッチリというのは奇跡に近い（笑）。その奇跡を逃さないため、モブに経験のあるスタントマンを数人入れ、エキストラをまとめてもらう布陣にします。最近のスタントマンは優秀で、演出的な部分もしっかり見てくれるので、非常に助けられています。

アクションに関して僕がもっとも大事にしているのは、観客の印象に残るものにすること。人の心に残るアクションにするには、感情移入できることがポイントで、そのためには起承転結が必要です。たとえ短いシーンでも、きちんと流れを感じられるアクションを作りたいと思っています。今回、ワイヤーアクションも取り入れましたが、それは単に動きがハデだからというのではなく、健君演じる白血球（好中球）がワイヤーアクションをすることで、重力を感じさせないダイナミックな躍動感が生まれ、白血球（好中球）らしい動きが表現できると考えたからです。アクションはキャラクターを際立たせるための要素の一つで、作品のいいスパイスになることが重要だと思っています。

健君とはさまざまな作品で一緒にやっていて、身体能力もアクション能力もずっと変わらず高いのですが、僕がすごいなと思うのは、アクションに臨む意識の高さです。世の人に「アクションができる役者」と認められても、決して驕らない。アクション作品の経験値が高いからこそ、現場の事情も理解したうえで動くことができ、「プロフェッショナルだな」と感じます。山本さんもプロ意識が高く、役者としても非常に面白い方。レッスンからずっとモチベーション高く、挑んでくださいました。仲さんには、いちばん驚かされました。普段はふわふわした感じなのですが、「本番のつもりで動いてみましょう」と言うとギアが上がり、表情や戦う様がカッコよかったです。素晴らしい表現力の持ち主だと思いました。

僕はアクション映像の編集まで行いましたが、人間界と体内の世界のコントラストが際立たなければ、この作品は面白くならないと思っていました。自分が担当したアクション映像が、武内監督の作るドラマとマッチしていれば幸いです。本作も含め毎作品、新しい内容を経験することが自分の糧《かて》になっていると感じます。今回もまた、新しい挑戦をさせてもらったと感謝しています。

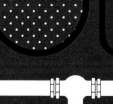

Takahito Ou

“終わらない学園祭”だと思って臨む武内作品
今は「やり切った」という想い（長崎）

VFXプロデューサー
井上浩正（白組）

VFXスーパーバイザー
長崎悠

長崎：僕は武内監督と別の作品をやっているときに、『はたらく細胞』のVFXの仕事の話を聞きました。「とても教育的で、ためになる内容なんだ！」という話をされていて、「監督はそういう方向性も好きなのだな」と思ったのを覚えています。

井上：僕はプロデューサー経由で今回のご依頼を受けました。武内監督とご一緒するのは初めてですが、漫画作品を独特のテイストで映像化するプロフェッショナルですし、監督の作品は個人的にも好きなので、「きっと面白い、楽しい映画になるだろう」と思っていました。

長崎：初期に撮影や照明などのスタッフがリモート会議で集められ、「作品をどのように映画に落とし込むか」の話し合いが行われました。議題の一つが、敵キャラをフルCGにするかどうか。敵キャラにはいわゆる〝顔芸〟が求められますが、俳優さんが演じるからこそ迫力や面白さが出るわけで、CGではおそらく面白くならない。そこで敵キャラは俳優さんに演じていただき、CGで触手などを付けてケレン味を出すと決まりました。ほかにロケ地に足を運んだりもし、CGをどこでどう使いたいか監督と検討しました。

井上：長崎さんと僕とでVFX使用想定シーンを洗い出して見積もりを出してみたところ、天文学的な数字になってしまって（笑）。そこで何をどこまでCGにするか、長崎さんに監督と再度話し合っていただき、予算とどう折り合いをつけるか、長崎さんと相談を繰り返しました。クランクイン前に予算を絞ったうえで、映像編集時、予算に合わせてシーンのカッティングを行いました。

長崎：泣く泣くカットしたシーンもいろいろあって、白組さんには本当にご苦労をおかけしました。

井上：いえいえ、大丈夫です。ありがたかったのが、長崎さんがVFXスーパーバイザーに立ってくださったこと。長崎さんは武内監督と長く一緒にやっていらっしゃるので、監督の思考や好みを把握されています。「とにかく隙間が嫌い」「たくさん提案し、その中から選んでもらうスタイル」など、スタッフが作業をするうえで重要な指針を事前に共有していただいたおかげで、製作作業がスムーズに進められました。

長崎：撮影が始まってからは、白組のCGスーパーバイザー、新堀さんと一緒に現場にずっと立ち合いました。監督から現場で「こうしてほしい」「ああしたい」とリクエストされ、どう撮影すればCGと合成できるかをその場で考

Yu Nagasaki

“笑えるCG”を作るという課題は、白組にとって初めての挑戦だった（井上）

えて別部署のスタッフも含めて話し合ったり、CG作成に必要な素材を撮影したりということがしょっ中なので。

井上：長崎さんがすごいのは、絵を描くのがとても上手なんです。監督が口にしたアイデアをその場で描き起こし、CGの方向性を集約してこちらに伝えてくださって、非常にありがたかったです。CGスタッフは撮影現場に立ち合うことがないので、長崎さんから聞く情報がすべて。監督の言葉も、丁寧に拾って聞かせてもらえて助かりました。

長崎：とくに思い入れがあるのは肛門シーンです。監督が最初から「やりたい」と言っていて、細部までこだわっていました。背景はフルCGなのですが、どうセットを組むか、どのように撮影するかなどの話し合いまで自分が入り込むのは、初めての経験でしたね。監督から「腸の中だから、腸壁にヒダがほしい」と言われたので、CGでヒダを作ることを前提にブルーバックをあつらえてもらい、それに合わせて照明をどう当てるかも考えました。

井上：現場でいいアイデアが出て、それを撮らない手はないですからね。監督の急なリクエストにも応える現場の皆さん、素晴らしいです。

長崎：細かなところですが、実はあの場面、肛門が開いたり閉じたりしているんです。そのCGを見た監督はゲラゲラ笑っていました。

井上：チェックであんなに笑う監督さんは初めてです（笑）。監督はいい出来であれば、本当に楽しそうに笑いながら「面白いね」「クオリティ高いね」と褒めてくださるので、励みになります。肛門シーンに関しては、モデルは長崎さんと白組で作成、合成と最終調整はアルファライズさんにやっていただきました。

長崎：ある場面でスギ花粉が登場するのですが、それも、ロケハンの際に監督が「スギ花粉って、どれくらいの大きさだろう？」と言うので、僕がその場で絵を描いて「このくらいですかね」と示したら、「このスギ花粉を、白血球（好中球）がどう斬るの？」とさらに質問が（笑）。「あの噴水を足場に跳んだら、斬れるんじゃないですか」と提案しました。

井上：あの場面は途中までは佐藤健さん本人のアクション映像なのですが、その後、CGに切り替わっています。人はあんなに跳べませんから（笑）。

長崎：監督との仕事では常にアイデアを求められるので大変ですが、提案すると必ず耳を傾けてくれるので、とても楽しいしやりやすいです。監督は撮影に入るとき、必ず「学園祭みたいにやりましょう」と言うんです。ですから僕は「自分は終わらない学園祭をやっているんだな」と思っています（笑）。

井上：“笑えるCG”を作るのは、僕らにとって初めての挑戦でした。監督から「敵キャラの触手のウネウネとした動きに、感情を入れたほうがいい」と、触手に演技力を求められたときはびっくり（笑）。難しい課題でしたが、最終的には褒めていただけて嬉しかったです。今回の映画は「内容が面白く、CGも頑張った」と胸を張れる作品。「やってよかった！」という想いに尽きます。

長崎：僕も「やり切ったな」という想いです。公開が楽しみですね。

Hiromasa Inoue

永野芽郁　佐藤健
芦田愛菜　山本耕史　仲里依紗　松本若菜　染谷将太
板垣李光人　加藤諒　加藤清史郎　マイカピュ
深田恭子／片岡愛之助
新納慎也　小沢真珠　鶴見辰吾　光石研
Fukase（SEKAI NO OWARI）／阿部サダヲ

原作：清水茜『はたらく細胞』（講談社「月刊少年シリウス」所載）
原田重光・初嘉屋一生・清水茜『はたらく細胞BLACK』（講談社「モーニング」所載）

監督：武内英樹　脚本：徳永友一　音楽：Face 2 fAKE

主題歌：Official髭男dism「50%」（IRORI Records / PONY CANYON Inc,）

製作：映画「はたらく細胞」製作委員会
制作プロダクション：ツインズジャパン
配給：ワーナー・ブラザース映画

この作品はフィクションです。実在の人物、団体名等とは関係ありません。
『はたらく細胞』は生物学、免疫学などから着想を得た作品ですが、
物語の特性上、学術的な事実とは異なる点があります。

映《えい》画《が》はたらく細《さい》胞《ぼう》 オフィシャルブック

2024年11月27日　第1刷発行

講《こう》談《だん》社《しゃ》編

発行者　宍倉立哉

発行所　株式会社講談社
〒112-8001　東京都文京区音羽2-12-21
電話　編集03-5395-3474
販売03-5395-3608
業務03-5395-3603
（落丁本・乱丁本はこちらへ）

印刷所　TOPPAN株式会社

製本所　大口製本印刷株式会社

Printed in Japan
ISBN 978-4-06-536919-7　N.D.C.778 95p　26cm

BOOK STAFF

企画・構成／石井美由紀
取材・文／木下千寿
撮影／山口宏之（P55〜P70）
三木匡宏（映画スチール）
編集協力／服部和恵
装丁・デザイン／角田正明（ツノッチデザイン）

制作協力／ワーナー・ブラザース映画
シリウス編集部
モーニング編集部